L'ARMÉE FRANÇAISE

SACRIFIÉE AU BÉNITIER

SOUS NAPOLÉON III

PAR

P.-A. WILMET

EX-SOUS-OFFICIER A LA LÉGION FRANCO-ROMAINE,
MEMBRE DE L'UNION DÉMOCRATIQUE
DE PROPAGANDE ANTI-CLÉRICALE

PRIX : 1 FRANC 50

REIMS

EN VENTE CHEZ L'AUTEUR

115, RUE DU FAUBOURG-CÉRÈS, 115

—

1881

L'ARMÉE FRANÇAISE

SACRIFIÉE AU BÉNITIER

SOUS NAPOLÉON III

L'ARMÉE FRANÇAISE

SACRIFIÉE AU BÉNITIER

SOUS NAPOLÉON III

PAR

P.-A. WILMET

EX-SOUS-OFFICIER A LA LÉGION FRANCO-ROMAINE,
MEMBRE DE L'UNION DÉMOCRATIQUE
DE PROPAGANDE ANTI-CLÉRICALE

PARIS
TYPOGRAPHIE N BLANPAIN
7, RUE JEANNE, 7

1881

Chers lecteurs, avant de commencer à me lire, je vous engage à déployer ma feuille de congé (du Pape) *qui se trouve à la fin de l'ouvrage, et quand vous aurez vu et bien lu sa préface, vous me lirez avec plus de curiosité.*

PROLOGUE

Chers lecteurs, ce livre n'était destiné qu'à ma famille et à mes amis, qui venaient quelquefois passer un moment de veillée, au coin de mon feu, et m'écoutaient attentivement pour bien se pénétrer de mes récits. Ils prenaient leur temps, et savaient toujours profiter de ma bonne volonté qui ne leur faisait jamais défaut. Je leur peignais avec une patience éprouvée le tableau de mes connaissances, en parlant tantôt de *culture*, tantôt de *viticulture* ou d'*horticulture*, du sol et des produits généraux de ce beau pays d'Italie, ainsi que de ses habitants, de ses costumes et de ses mœurs, même de son ancienne religion comparée à sa nouvelle, de ses anciens monuments comparés à ses nouveaux.

Quand je leur faisais la description particulière d'un site, elle était toujours accompagnée d'un éloge ou d'une critique qui ne manquait jamais de les instruire et surtout de provoquer leurs plus profondes réflexions, fort excitées par tant de variétés.

Les Etats pontificaux sont au moins aussi intéressants avec les Pontifes catholiques, qu'avec les Pontifes païens ; pour s'instruire, l'on est forcé de lire l'histoire ancienne et la contemporaine. La première nous montre toujours les Césars contrariant continuellement presque dans tout le monde entier. La seconde nous présente leurs successeurs ne le bouleversant pas moins que les païens. Quand je leur disais : mes amis, toujours au coin du feu, que nos tyrans n'ont toujours été que les esclaves de ces pontifes. Vous comprenez que par esprit de vengeance nous devenions les leurs.

C'est pourquoi ils profitaient de la puissance que notre fanatisme leur laissait prendre sur nous, surtout quand nous négligions de faire attention que nous n'avions que deux individus pour oppresseurs, l'un justicier et l'autre abbé, tous deux fils du même père, le seigneur du lieu. Le suzerain connaissait par le confessionnal tous les torts que nos pauvres pères pouvaient lui faire. Il connaissait jusqu'à leurs pensées les plus secrètes. Car leur fanatisme les poussait à venir s'accuser eux-mêmes au fils de leur maître qu'ils considéraient comme homme de Dieu ; aussi je ne manquais pas de leur faire remarquer que tant d'exactitude pour sonner l'angelus du matin n'était pas seulement pour saluer la Vierge Marie. Oh! non, allez, car dans le commerce du monde, comme dans celui de nos deux frères châtelains, il n'y a seul que l'intérêt particulier qui domine, c'est pourquoi vous voyez l'abbé se servir de sa religion pour faire sonner ponctuellement tous les matins le signal du départ pour les ouvriers aux champs de son frère justicier qui a su régler l'heure du travail sur l'indispensable angelus du matin. Vous comprenez, chers lecteurs, que mes parents et amis n'exigent pas de moi une grande érudition, surtout lorsqu'ils se souviennent m'avoir vu absent pendant sept ans et qu'ils ont sous les yeux tous mes états de service. Pour leur prouver la vérité qui s'accorde toujours si bien avec ma franchise naturelle, je leur parle souvent de mes camarades avec qui j'ai fait mon congé, quand par hasard l'un d'eux vient me faire sa visite, nous causons ensemble du luxe pontifical et de toutes choses intéressantes, soit de la ville de Rome, de la Révolution romaine, soit des brigands d'accord avec les religieux, ou de Garibaldi combattant avec ses montagnards la tyrannie du pontife. Nous faisons rouler la conversation tantôt sur la politique si compliquée de l'époque entre les gouvernements de la France avec la Prusse, tantôt sur celle du Pape et du roi d'Italie.

Nous parlons des réformes à faire dans la conduite du militaire, ainsi que dans celle du citoyen, et comme nous pouvons nous glorifier de ce beau titre, nous nous encourageons à bien étudier pour nous instruire, en considérant que l'instruction seule peut nous donner la Paix.

Tous ensemble nous jurons sur un petit morceau de papier servant au suffrage universel et nous faisant souverains, de ne servir que notre bonne Patrie républicaine.

C'est alors que mes parents et amis m'engagent à publier mon petit livre au peuple français, en me faisant remarquer que ma famille n'est pas seulement composée de ce petit nombre causant au coin du feu, mais qu'elle s'étend sur le territoire tout entier. Je compte sur l'indulgence de l'esprit français pour ne point critiquer le récit d'un paysan qui cause comme il sait, sans se poser en écrivain. Mon désir est d'offrir mon petit contingent de connaissances à tous mes concitoyens plus expérimentés que moi, leur donnant quelquefois l'occasion de tirer parti de mes conversations, si bien comprises par mon petit cercle familier.

L'ARMÉE FRANÇAISE

SACRIFIÉE AU BÉNITIER

SOUS NAPOLÉON III

CHAPITRE PREMIER

Le dix-huit février 1864 je tirais le numéro 23 à l'hôtel de ville de Reims comme conscrit du deuxième arrondissement. Le vingt-deux août de la même année je me voyais appelé avec mes camarades ci-dessous dénommés : Villé, Cartelet, Baudelot et Bleriot, pour aller, par chemin de fer, rejoindre à Laval (Mayenne) le dépôt de notre régiment.

Arrivé le vingt-quatre août 1864 au 5e de ligne, 2e bataillon, 6e compagnie. Départ de Laval, le 19 septembre 1864, pour Lyon, y rejoindre le bataillon de guerre, en passant par les pays suivants : SABLÉ, LA FLÈCHE et CHATEAU-LA-VALLIÈRE. — *Premier séjour.*

Départ à 4 heures du matin pour TOURS, AMBOISE, BLOIS et ROMORANTIN. — *Deuxième séjour.*

Départ par un temps magnifique pour VIERZON, BOURGES, NERANDE, NEVERS. — *Troisième séjour.*

Départ avec une grande impression du château de Nevers pour aller à BOURBON-LANCY, MARCIGNY et ROANNE. Ce quatrième séjour était un dimanche que nous passâmes à vendanger pour aller le soir au bal, danser la bourrée.

Départ de ROANNE dès le matin pour FLEURS et LYON.

Ce premier voyage dans des pays si différents de notre Champagne nous a été fort agréable, surtout en temps de vendanges, mais trop fatigant ; aussi, après avoir visité les plus beaux pays de France, nous étions suffisamment payés de notre fatigue avec tant de beautés, pour arriver à Lyon à deux heures de l'après-midi sur les cailloux pointus du quartier de Veise, bordant la Saône. Rapport aux pointes de cailloux, force majeure fut de nous reposer avant de suivre la musique de notre régiment, qui joua un pas redoublé en traversant la ville, pour nous conduire à notre caserne de la Part-Dieu, dans laquelle étaient logés un régiment de hussards, un bataillon de chasseurs de Vincennes, du génie et du train d'équipage, ainsi que mon régiment. Vous comprenez que notre entrée dans la cour d'une pareille caserne est suffisante pour nous distraire de tant de fatigues.

Départ de la Part-Dieu, le 16 mars 1865, pour le camp de Sathonay dans lequel la garnison de Lyon allait à tour de rôle, toujours quatre régiments à la fois, y faire les grandes manœuvres.

Départ du camp le 16 juin pour retourner à Lyon tenir garnison dans le quartier de la Croix-Rousse.

Départ de Lyon le 16 décembre 1865 pour le camp, toujours y faire les grandes manœuvres.

Départ du camp le 16 mars 1866 pour retourner à Lyon au fort Villeurbanne, dans le quartier de la Guillottière.

A cette époque un appel fut fait aux volontaires qui désiraient partir pour aller grossir la garnison française à Rome. Je me fis inscrire dans l'espoir de voir du pays, mais sans connaître l'intention du gouvernement français au sujet de ces volontaires.

Imbu encore des préjugés religieux de mon enfance, je n'hésitai pas à me faire inscrire comme soldat du pape.

C'est d'aujourd'hui 25 mai de l'an 1866, que date ma plus grosse bêtise, de quitter mon regretté 5e de ligne pour aller à Antibes rejoindre cette *indigne* Légion franco-romaine en passant par je ne sais où, tellement j'étais désolé, et pour arriver à Marseille. C'est pourquoi je ne remarque que son magnifique port de mer que j'ai pris le temps de visiter durant les deux jours où je suis demeuré au fort Saint-Jean, pour visiter ensuite la ville de Toulon, pour moi aussi intéressante que Marseille.

— Pour la première fois je sais profiter d'un bateau qui part pour l'île Sainte - Marguerite, dans laquelle j'ai visité soigneusement la prison du Masque de fer qui me fit déjà réfléchir; mais davantage aujourd'hui quand je me représente le maréchal de France (Bazaine), se promenant dans l'île, par punition d'avoir vendu aux Prussiens quatre-vingt mille pantalons avec les hommes *dedans!!*

Arrivés à Antibes le 30 mai, à dix heures du soir, quelle ne fut pas notre surprise en nous voyant logés au fort Carré, construit dans la mer Méditerranée, c'est seulement le lendemain que nous allons prendre garnison dans la petite ville d'Antibes, rendue célèbre par ses habitants qui la défendirent contre les Autrichiens.

Nous y tenons garnison jusqu'au 15 de septembre 1866, époque à laquelle fut terminée la formation de notre fameuse Légion. Elle est composée avec un noyau de quatre cents hommes de la Légion étrangère, la plupart crapuleux, et de 800 hommes des régiments français de tous corps et de toutes armes, mais bien différents l'un de l'autre, car certains colonels y avaient envoyé leurs plus mauvais soldats *en pensant qu'ils étaient bons assez pour le pape*, et d'autres au contraire lui avaient envoyé l'élite des hommes de leur régiment.

Vous comprenez qu'avec tant de

diversités d'hommes et d'armes, joint au motif politique, c'est-à-dire Napoléon III sacrifiant ses troupes pour le pape; qu'il fut impossible d'unifier les exercices et les goûts politiques de la Légion, c'est pourquoi nous avons vu déserter par la suite 800 de nos camarades.

Enfin le 15 septembre, à deux heures du soir, nous embarquons sur le navire *l'Eldorado*, qui nous conduisit par une heureuse traversée au port de Civita-Vecchia; c'est en arrivant que les bruits courent que le choléra est sur notre navire, et que par mesure de précaution nous sommes mis en quarantaine pendant sept jours dans un nouveau bagne, qui n'avait pas encore de prisonniers. Vous pensez bien que nous n'étions pas plus cholériques qu'aujourd'hui. Aussi nous nous révoltions contre les autorités, et après avoir pour ainsi dire jeûné pendant sept jours, la liberté nous fut rendue; dans le cas contraire notre projet était de tuer nos oppresseurs d'officiers, presque tous calotins, d'escalader les murailles et d'aller sur le port prendre d'assaut un navire en nous faisant reconduire en France.

CHAPITRE II

Pourtant j'arrive à Rome avec beaucoup de respect pour la ville éternelle, ainsi que mes camarades, comptant voir en elle une des merveilles du monde. Notre déception fut grande ; en descendant nous voyons une petite gare construite en planches. Ses environs n'étant que de grandes places non pavées, et sans arbres; des herbes desséchées par les trente-deux degrés de chaleur, remplies d'immondices et de mendiants. Ces lieux d'immondices sont assez communs dans la ville de Rome. Mais la police municipale, composée de gendarmes et d'agents de la paix, n'y font nullement attention.

Rome possède en effet une masse de mendiants qui n'ont jamais eu que le vêtement qu'ils ont sur le dos. La mendicité seule les fait vivre. Les places publiques et les trottoirs leur servent de lieu de repos, où ils restent pêle-mêle, hommes, femmes et enfants, daignant à peine se lever pour mendier et débarrasser la voie publique pour laisser passer les piétons. Il faut vous dire que les membres du gouvernement sont mendiants eux-mêmes : le pape avec son denier de saint Pierre ; toute la secte religieuse de Rome allant de palais en palais habités par la haute et nombreuse noblesse. Voilà pour les gros mendiants, au nombre de 7,000 seulement. Quant aux autres avec la distinction des plus privilégiés par la police religieuse, car tout dépend d'eux, ils peuvent aller coucher dans les prisons, tous les soirs et le matin ils sortent pour aller mendier et se reposer, détruisant leur vermine aussi bien sur un trottoir qu'ailleurs, même près d'une croix posée en mémoire d'un assassinat. Vous allez me dire : Mais l'assassin est mis en prison par un jugement sévère ? Oh ! non, allez, car si les gendarmes le poursuivent, il tâche d'entrer dans une des 131 églises de la ville, dont les gendarmes ne peuvent franchir le seuil, étant dans l'exercice de leurs fonctions.

L'assassin n'a plus qu'à entrer dans un confessionnal ; il se confesse, se convertit et, après avoir fait un stage de deux à trois mois dans le couvent, il peut devenir religieux lui-même. Quand il sera de service funéraire dans lequel ils vont en procession chanter et porter des cierges, cet assassin devenu capucin peut être reconnu par la famille de sa victime, mais il est trop tard, il fallait le prendre quand il portait ses effets de bandit, et non la robe du moine, quoique ce soit le même homme. Enfin cet ignoble bandit devenu homme de Dieu à la même place où il a commis son crime, portera le saint viatique à la victime d'un de ses anciens bandits ; car il pouvait en être le chef.

CHAPITRE III

Nous, commandant le 2e bataillon de la Légion romaine, nous avons l'honneur de porter à la connaissance des troupes de la 1re division militaire le haut fait de bravoure accompli par le sergent Wilmet dans la nuit du 25 septembre 1867 en arrêtant un assassin se sauvant sur le port pour embarquer. C'est en quoi nous lui décernons nos éloges par lui bien mérités.

Pour copie conforme du général commandant la 1re division militaire,

DE MAUDUIT,
Chef de bataillon.

CHAPITRE IV

Si je place entre les chapitres II et IV cette citation à l'ordre de la division, c'est pour produire un document indiscutable au chapitre II, et faire bien comprendre que je ne fais ni l'éloge de la ville de Rome, en vous disant qu'elle renferme dans son sein les antiquités les plus riches, et les arts les plus variés, ni même le mépris, quand je dis que le soldat loge sous le même toit que le moine et que la maison du pauvre est contre le palais du riche, que la dame à l'éventail coudoie la paysanne au jupon de grosse étoffe de couleur éclatante, au grand corset rouge, aux doigts pleins de bagues en cuivre, avec le poignard d'argent dans les cheveux.

N'oublions pas la voiture *d'or et de cristal*, conduite par six superbes chevaux noirs et escortée par les hommes de la garde d'honneur du pape! Ces hommes sont précédés de quatre piqueurs faisant ranger les plus pauvres équipages, conduits chacun d'eux par le paysan aux culottes courtes, au chapeau pointu, et le manteau négligemment rejeté sur l'épaule, mangeant son pain de maïs avec son fromage de chèvre. Remarquez qu'à l'approche de cette voiture quelques boutiques se ferment, les cloches de tous les couvents sonnent et les postes de soldats sortent pour présenter les armes et mettre le genou à terre comme pour Dieu.

Certains cafetiers coulent vite le

rideau à chaque fenêtre pour dérober à la vue du pape les plaisirs pris dans leur établissement.

Tous les habitants, sous peine de damnation, viennent se décoiffer, s'agenouiller en agitant les chapeaux et les mouchoirs en l'air, en acclamant le passage du cortège et disant : *Viva Pio nono, Pape e re* (vive Pie IX, Pape et roi). Vous vous demandez qui va donc passer, pour que tant d'apparat soit déployé à côté de tant de misère que nous avons vue dans Rome.

Hé bien ! c'est le Pape avec son humilité et sa charité, qui va rendre visite à quelques religieux et religieuses logeant sous le même toit par esprit d'économie, car la pudeur n'était rien pour le Pape Pie IX.

EXEMPLE

Le général de La Moricière demandant des maisons de prostitution pour ses troupes, il lui fut répondu par le Pape lui-même :

— Faites fermer les portes de la ville et vous en aurez une ! ! !

Il me faudrait des volumes pour dire ce que j'ai vu ; mais je me borne à vous mettre au courant de notre service militaire en vous disant que notre consigne était basée sur tout cela sans oublier le saint Viatique dont il est parlé à la page 26.

Le jour où nous descendions de garde avec un grand besoin de nous reposer, si nous avions la mauvaise chance de le rencontrer, il nous fallait l'escorter assez loin pour nous ennuyer, ainsi que ces pauvres *commerçants* quelquefois tant pressés dans leurs courses, sous peine de grande damnation. Tous ceux qui nous rencontraient étaient obligés de suivre, le nombre grossissant toujours, il arrivait que nous étions quelquefois nombreux à la rentrée dans la chapelle. Une partie des gens allait se prosterner devant un autel miraculeux et décoré de tableaux, représentant les sauvetages opérés par cet autel qui leur montre le saint ou la sainte femme miraculeuse dans toute sa grandeur, ainsi que des trophées d'armes qui n'ont pas voulu tuer quelqu'un de leur famille. Mais en récompense de tant de prodiges, chacun fait son petit cadeau ; tout est reçu, depuis la chose la plus minime jusqu'à tous ces gros cœurs d'or et d'argent qui sont enguirlandés autour de l'autel. A l'aspect de tant de richesses, ils se croient obligés de faire leur petite offrande à la superstition de cet autel, qui leur donne l'espoir d'avoir la fortune et la sécurité dans leurs affaires.

CHAPITRE V

Nous allons quitter Rome pour aller occuper la garnison de Viterbo (1), en passant par Bocano. Avec une si mauvaise discipline les récalcitrants n'arrivèrent que le soir, quand la tête de colonne était déjà arrivée depuis midi ; ils étaient tous ivres, disons même soûls, et la plupart d'entre eux arrivaient sans

(1) Où les habitants vont se révolter contre nous, pour rechercher plus tard notre amitié avec laquelle ils sont parvenus à nous faire révolter avec la plus grande justice contre nos règlements.

armes ni bagages, disant : Faites-moi passer au conseil de guerre, je ne veux pas servir le pape.

Le 26 septembre à Monterosse, pour ne pas vous dire des choses insignifiantes, passons le 27 à Rossiglionne, pour arriver le 28 à 4 heures du soir aux portes de la ville de Viterbo, dans laquelle ses 30,000 habitants allaient se révolter par rapport à nous. Ils donnaient pour motif aux autorités que la convention du 15 septembre 1866, passée entre la France et le roi d'Italie, n'était pas respectée (1).

En conséquence le premier magistrat de la ville, voulant épargner la chèvre et le chou, se voit obligé de fermer les portes et d'al-

(1) D'après cette convention les troupes françaises devaient disparaître pour toujours des États pontificaux.

ler parlementer avec notre colonel (d'Argy) qui parlait parfaitement l'italien, quoique les habitants fussent bien convaincus que nous étions des Français, que Napoléon avait fait retourner en France pour nous déguiser. Enfin les portes s'ouvrent, l'ordre se rétablit, et nous allons loger au couvent Saint-Francesco avec des religieux à qui j'ai vu pour la première fois fumer le cigare sans vergogne.

Le même soir quatre de nos soldats étaient rapportés au couvent et blessés par les civils à coups de poignard. Heureusement qu'au bout de quelque temps l'accord s'établit entre nous et eux ; tout en buvant le bon vin de Viterbo et d'Orvietto, ils nous faisaient promettre de ne jamais changer notre drapeau français contre celui du pape. Pour ce motif nos officiers étaient fort embarrassés, car nous voyant fréquenter l'indigène et la bouteille, ils faisaient consigner le quartier, et la révolution qu'ils voulaient éviter, éclatait dans les chambres ; nous voulions chicaner sur tout en général jusqu'au point de jeter nos tuniques par les fenêtres, parce qu'elles portaient une rangée de boutons à tiare.

Nos tuniques n'étaient ramassées qu'après avoir reçu des boutons à cors de chasse pour être portés comme par les chasseurs de Vincennes puisque nous en avions la tenue et la carabine (1).

En un mot nous voulions bien de

(1) Si vous voyez tant de rébellion chez nous, c'est parce que l'odeur de sacristie ne convient pas pour un Français qui ne sait que respirer l'odeur de liberté.

l'Italie, mais avec toute notre organisation française, puisque nous étions soldats français. Aussi, après délibération de nos officiers, et par dépêche télégraphique, d'un avis demandé au ministre de la guerre de France, la liberté de sortir en ville nous fut rendue.

Vous comprenez qu'aussitôt tout le monde devait compter avec le courant révolutionnaire.

Mais ne voyant arriver aucune des promesses faites, nous nous sommes tournés du côté des civils. Or, pour en finir, un jour le colonel fit faire une prise d'armes pour aller à une cérémonie religieuse avec tout son régiment.

Mais les civils ayant connaissance de cela, nous préviennent que c'est pour bénir un drapeau du pape jaune et blanc et nous le faire reconnaître; mais qu'ils nous guetteraient de toutes les maisons voisines de la place de la cathédrale avec des armes chargées et que, s'ils nous voyaient sortir avec ce chiffon, qu'ils feraient feu sur nous. La cérémonie terminée, le colonel nous fit sortir sur la place de l'église, former le carré et faire exécuter le maniement d'armes; mais, au moment où nous présentions les armes, le drapeau sort de l'église.

Le colonel fut satisfait de notre mouvement de : *Présentez vos armes*. Par ce fait il crut son chiffon papal reconnu. En même temps que les civils remarquent ce stratagème de surprise, ils restent interdits pour l'instant; le colonel supposant le moment favorable dépose son drapeau aux couleurs repoussantes, sur un faisceau formé au milieu du carré, il fit rompre les rangs, les civils nous font signe de toutes parts, nous débauchent, alors le colonel se voit contraint de porter son drapeau à son domicile, escorté seulement de son corps d'officiers et des hommes les plus peureux.

Vu que je ne faisais pas partie du nombre de l'escorte, il faut vous dire de suite que nous sommes revenus chercher nos fusils avec l'intention de nous mettre en grève, et retourner tous en France, si l'on nous contraignait d'adopter le drapeau du pape. Le colonel, apprenant notre complot, nous fit dire de rentrer à la caserne avec la promesse que nous n'aurions jamais ce drapeau jaune et blanc.

En effet il tint parole et nous aussi. Mais remarquez bien que nous n'avions toujours point de drapeau, c'est par le fait d'une pareille révolution régimentaire que nous sommes parvenus à jouir de quelques-uns de nos droits français sous le rapport de la discipline, la poste, la nourriture et la revue d'inspection générale, tout nous fut rendu avec la visite du général Dumont, envoyé à Rome par l'empereur pour nous dire que nous n'avions rien de commun avec les troupes pontificales, et qu'il fallait nous résigner à n'avoir point de *drapeau.*

— Parce que, nous dit-il, et presque en pleurant, je suis chargé par l'empereur de vous dire que le drapeau français ne doit plus venir à Rome, pour cause politique???

CHAPITRE VI

Nous allons quitter Viterbo pour bivaquer dans les forêts et les montagnes chercher à détruire le brigandage qui dévastait tous les Etats pontificaux.

Le 10 de décembre 1866 nous quittions cette émouvante province Viterboise pour aller dans la forêt de Montaldo et les villages environnants y faire un service des plus variés et le moins compréhensible. Pour vous le faire connaître, je vous demande un peu de patience et pour moi du courage ; vous dire combien nous avons eu à souffrir des religieux pour lesquels nous allions exposer notre vie, en combattant avec les bandits de la forêt qui avaient grossi le nombre de leur troupe par une partie des hommes valides des pays environnants cette forêt. Ils n'avaient plus d'autre ressource que d'être bandits quand le gouvernement du pape les avaient abandonnés sous le rapport de toutes les protections; au contraire, le peu de ressources qui leur restaient étaient épuisées par nos réquisitions faites chez eux pour nous vivre, et il ne faut plus vous étonner de voir la troupe partir pour combattre tant de brigands, qui savaient toujours respecter le pantalon rouge des Français, contre lesquels ils avaient juré de ne jamais prendre l'offensive. Vous voyez qu'ils étaient plus respectueux que peureux, car ces campagnards comprenaient la politique mieux que nous. Ils prévoyaient la déchéance du pape comme leur nouvelle annexion à la grande patrie italienne, qui était à son tour amie de la France. C'est pourquoi ils respectaient tant nos pantalons, mais par contre ils ne respectaient pas les riches de leur contrée, ni les religieux de qui ils savaient bien se jouer tout en les menaçant toujours de mort, s'ils ne les prévenaient pas de notre approche avec le son de leurs cloches, qu'ils devaient mettre en branle à notre apparition ; alors les brigands s'éloignaient et nous étions encore bredouille.

Mes bons amis, si jusqu'à présent vous m'avez entendu dénommer ces courageux révolutionnaires comme étant des bandits et des brigands, c'est uniquement pour vous faire remarquer que le pape se sentant détrôner cherchait à exciter notre courage en nous faisant dire par nos cafards d'officiers que l'Italie n'avait jamais été purgée de ses bandits, mais que nous, Français, nous devions en venir à bout. Aussi mon sous-lieutenant, en sa qualité de noble, et d'une famille bretonne, sut, comme tous ses confrères, profiter de l'ignorance de notre jeunesse en ayant le soin de nous cacher que tant de bandits et tant de brigands, dans l'Italie, n'étaient que les retardataires français faisant leur 89 et leur 93 tout ensemble. Sans quoi vous pensez que nous nous serions mis à chanter *la Marseillaise* en passant dans leurs rangs pour nous faire bandits comme eux.

Maintenant que vous connaissez les hommes nommés bandits par les fanatiques cléricaux, je continue en vous disant qu'avec une pareille révolution dans des pays boisés, et les révolutionnaires ne voulant tirer sur les petits enfants de leur modèle démocratique, se faisant aider par les religieux. Quand je parle tant de ces gens-là, c'est parce qu'il y en a partout.

Le gouvernement faisant tuer tous ses gendarmes dans les escarmouches, les troupes pontificales ne voulant prendre part à cette révolution pour ne point subir le regret d'avoir tué un généreux compatriote ; d'un autre côté fuyant toujours les troupes françaises, et le secours qu'ils recevaient du son des cloches par les couvents, ils devaient rester encore longtemps libres pour continuer le commencement de leur affranchissement, de qui ils finissent par avoir raison, en se déroulant de la manière suivante :

Les religieux (1), ne pouvant plus aller mendier ni taxer personne, pour ne pas mourir de faim dans leur couvent, donnaient des avertissements aux révolutionnaires avec leurs cloches ; alors ceux-ci prenaient une direction contraire à la nôtre pour aller rançonner un de ces nobles richards qui en temps de paix sont leurs tyrans, mais au temps où je vous parle, pour échapper à une mort certaine, ils se laissent piller. Pendant ce temps nous allions les réquisitionner en échange des services rendus par la cloche des vrais bandits, ils les nourrissaient, et vous voyez que tout le monde vivait. Cependant ce système tombant en désarroi, nous

(1) Vous retrouvez en ces religieux mon homme assassin devenu capucin.

sommes obligés de rester dans une retraite de trois jours au milieu de la forêt sans aucuns vivres. Jugez quelle angoisse de se voir entre la vie et la mort pendant deux jours, la faim se faisant trop sentir. Toute cette troupe malade cherchait à se nourrir avec les ressources qui se présentaient à nos yeux. C'étaient tantôt des bourgeons d'arbres, tantôt des tortues, des escargots, des couleuvres ou des serpents, assez communs dans ce pays. Telle fut notre nourriture pour le deuxième jour. Le troisième nous fut plus agréable : le commandant jugeant qu'il ne fallait pas nous laisser mourir de faim, organisa une troupe de chasseurs avec nos fusils à balle, pour aller chasser le buffle sauvage, le cheval et le sanglier, ainsi que le porc-épic, qui sont assez nombreux dans la forêt. D'autres ramassaient le bois sec, et à quatre heures du soir tout le monde rentrait avec le bois pour faire un grand feu. Un buffle débité et porté sur des brancards, deux sangliers, trois porcs-épics, du poisson, pêché dans une petite rivière, servant d'abreuvoir pour tous ces animaux, servirent à notre repas. Pensez quel banquet forestier!

Il faut pourtant que je finisse ce chapitre qui serait trop long si je voulais vous entretenir de tant de souvenirs qui déchargent ma mémoire en vous écrivant cet abrégé. Laissez-moi passer sous silence tout le reste de cette expédition aussi intéressante à la fin qu'au commencement, il me suffit de vous dire qu'une seule fois nous avons eu à répondre aux quelques coups de feu tirés sur nous par la troupe d'un chef de révolutionnaires qui nous avait pris pour d'autres soldats. Dans cette escarmouche de quelques minutes seulement, nous nous retirons avec un mort et trois blessés.

Nous sommes alors rentrés à Civitta-Vecchia en prouvant au gouvernement du pape que nous ne pouvions rien contre les révolutionnaires qui avaient tous les avantages pour eux. Ils triomphaient toujours, en attendant le grand mouvement politique qui commençait autant dans ces pauvres villages pontificaux, qu'en Prusse Garibaldi, moteur de l'Italie, rêvant Rome pour capitale, tout en cherchant à conserver l'amitié de la France, mais non celle de l'empereur Napoléon III.

CHAPITRE VII

Les montagnards ne faisaient que de se reposer en attendant que le signal du grand combat fût donné contre le pape, et dirigé par le général Garibaldi qui faisait soulever une partie de l'Italie contre le territoire pontifical pour travailler aux avantages et à la continuation de l'unité italienne *(mais vu la violation par Napoléon III de la convention du 15 septembre)*.

Victor-Emmanuel se trouvait donc en droit d'en faire autant de son côté par un coup politique au moins mieux réservé, que celui de l'empereur, car il ne combattit point le pape directement avec ses troupes régulières pour ne point avoir à répondre de son *agression*. Aux puissances européennes et catholiques, puisque l'empereur nous avait sollicités de partir volontairement à Rome avec le colonel d'Argy également volontaire, qui eut le soin de bien nous dérober le mystère du crime de la politique cléricale.

Vous comprenez facilement, mes chers amis, que notre arbitraire empereur Napoléon III violait la convention du 15 septembre, en nous envoyant à Rome.

Si je vous parle si souvent de ce monstrueux nom d'Empereur, c'est pour vous faire remarquer que Napoléon n'avait pas besoin de nous sacrifier au pape par une si mauvaise politique. et vous faire comprendre pourquoi je vous dis dans le chapitre précédent que la révolution commençait aussi bien dans les broussailles italiennes qu'en Prusse (contre la France). Aussitôt 1867 la Confédération italienne se produisit par les moyens que je vais vous expliquer d'une manière succincte, ce qui vous permettra de bien comprendre une pareille révolution politique pour faire le malheur de la France en 1870. Car 1870 et 1871 étaient pour moi une guerre de religion, voilà pourquoi et comment :

1° Le pape ayant excommunié Victor-Emmanuel fort peu touché pourtant de cette nouvelle, car étant prêt à monter en selle, il haussa les épaules en disant : — Cela ne m'empêche pas de monter à cheval.

2° Par reconnaissance que le pape Pie IX était le parrain du fils de Napoléon, il lui fut promis que les armes françaises ne seraient jamais tournées contre lui ; sous ces deux majeures circonstances l'Italie, à son tour, nous aurait donné main-forte contre la Prusse en 1870, et certes, elle était assez reconnaissante pour nous payer sa dette du coup de main qu'elle reçut de nous en 1859 contre les Autrichiens.

Je sors de mon cercle en vous disant que beaucoup à la place du roi d'Italie, auraient bien porté le feu pour allumer la guerre entre la Prusse et la France (1). Car le roi d'Italie n'avait plus aucunes précautions à prendre avec son ami le parjure Napoléon III, il me faudrait tout mon livre pour vous dire tout ce que je pouvais comprendre étant

(1) Victor-Emmanuel et Guillaume étaient amis par l'excommunication.

dans les rangs de l'armée de notre forcené empereur, et sous le joug de la calotte, je reviens à vous dire que Napoléon ayant manqué à son serment, tout le monde était libre, chacun pour son avantage.

C'est pourquoi Garibaldi, *grand patriote italien*, et le roi Victor-Emmanuel surent profiter de cette parole violée pour soulever toute l'Italie contre le pape, en prenant les paysans pour soldats et les officiers et les soldats de l'armée régulière italienne, que le roi avait mis en liberté de prendre du service, dans les rangs de Garibaldi; dans ce cas le roi d'Italie ne faisait que de suivre l'exemple donné par l'empereur des Français qui, en se parjurant, avait permis à ses troupes de servir le pape.

Me voilà donc arrivé au point de

vous dire que, le 10 octobre 1867, nous nous mettions en route pour rentrer en campagne contre les garibaldiens. Départ le 10 pour Cornetto. C'est là que les habitants, ne connaissant pas encore bien au juste le respect que leurs co-révolutionnaires portaient aux petits-fils de 89, nous disent : « Les garibaldiens ayant eu peur de vous sont partis de ce matin. »

(*Du moins ce sont nos officiers qui nous disent avoir fait peur aux garibaldiens.*)

Départ de Cornetto le 11 pour Viterbo y conduire des pièces d'artillerie (*déjà avec des chevaux français*).

De retour à Cornetto le 13 sans accident qu'un fort coup de soulographie.

Départ de Cornetto le 13 pour Monterotondo sur l'avis que l'ennemi avait mis la ville à feu et à sang. (*Ce langage toujours tenu par nos officiers n'était que l'effet d'une vieille rancune cléricale.*)

Car nous y restions deux jours bien tranquilles, vu qu'il n'en était rien, mais la nouvelle arrive qu'il faut former une colonne de 1000 hommes pour aller attaquer Nérolla. En effet le 16 nous partions pour Nérolla en passant par les montagnes et les forêts de Montelibretto, nous recevons nos vivres et du vin pour défiler dans un petit sentier, un par un, pour recevoir la sainte bénédiction d'un religieux pour qui nous allions combattre; il avait bien su disparaître après nous avoir saisis du frisson de la mort avec sa grande croix qu'il nous montrait (1).

Ce bon chartreux su aussi fanatiser une brave dame (*anglaise*) fort riche dont nous étions heureux de profiter du dévouement qui la poussait à traverser le champ de bataille pour soigner nos blessés.

Encore aujourd'hui mille et mille remercîments à cette généreuse mère de famille qui faisait la sœur de charité, vu l'absence de ces dames restées au couvent en attendant leur doucereux chartreux.

Après avoir quitté le sentier, le colonel de Charette (commandant des zouaves pontificaux) eut un cheval de tué sous lui dans le plus fort de l'action, tout en fumant sa

(1) Il ne disait qu'un seul mot : symbole de la sainte cause ! ! !

pipe. Comme plus ancien de grade, il nous fit masser à une très petite distance du château-fort de Nérolla; aussitôt nous sommes aperçus par les garibaldiens et attaqués par eux. Le premier coup de fusil tue un de nos soldats, tout le monde se déploie en tirailleurs autour du pays construit sur une montagne, comme la plupart des villages. Le combat dure 4 heures; nous prenons le village d'assaut avec 400 prisonniers que nous avons conduits au bagne (*oui au bagne*) de Civita-Vecchia. Tel est le sort des prisonniers de guerre chez le pape. Pensez donc, mes amis, à quels dangers il exposait les troupes françaises; car, en les considérant comme des bandits, il permettait à Garibaldi de nous exterminer. Toujours des bienfaits de la politique franco-papale,

Nous avons eu dans ce combat, 15 morts et 32 blessés, sans compter tout ce qui ne vaut pas la peine d'être signalé, comme la balle qui vint frapper le bout de mon soulier sans me faire aucun mal.

Permettez-moi de vous dire encore une fois que toute l'Italie était soulevée depuis le 15 septembre 1867, jour de l'anniversaire de la Convention ; jusqu'au 8 de décembre 1867 il y eut quatorze combats ; pendant ces 84 jours toute l'Italie fut bouleversée et révolutionnée.

Il faut que je vous nomme les pays dans lesquels l'on s'est battu, en ne vous racontant les détails que des quatre affaires auxquelles j'ai assisté. Je vous les réserve pour la fin de la nomenclature. Il est bien entendu que je ne vous parlerai plus de Nérolla, ce qui me fait un total de cinq combats (*dans lesquels j'ai gagné des tas et des tas d'indulgences; ne pouvant me servir à rien dans le commerce démocratique, je veux faire concurrence au pape en vendant meilleur marché que lui pour en faire profiter les dévots du plus pauvre monde)*.

1 Nérolla.	8 Aqua Pendanta.
2 Grotte St-Lorenzo.	9 Vallerosa.
3 Viterbo.	10 Subiaco.
4 Monte Parioli.	11 Montelibretto.
5 Ischia.	12 Monterotondo.
6 Farnesse.	13 Rome.
7 Bagnorea.	14 Mentana.

A Montelibretto nous nous sommes battus durant deux heures et quart; nous avons eu 7 morts et 9 blessés.

Quant aux ennemis, je ne puis vous en dire le nombre.

COMBAT DE MONTEROTONDO

Le 26 de novembre, nous soutenions le combat pendant vingt-sept heures contre au moins 10,000 garibaldiens. Pensez donc quelle belle défense, quand nous n'étions que 240 ! Il est vrai que nous avions tous les avantages pour nous, puisque nous étions en haut dans la ville, et les ennemis dans la plaine. Aussi dans le courant de la nuit ils ont pu monter et approcher des portes de la ville. Ces portes étaient en bois; ils y amoncelèrent du soufre pour y communiquer le feu. Une seule fut préservée, c'est par celle-ci que ma compagnie put sortir saine et sauve. Pendant qu'ils profitaient de la panique et de l'issue des portes pour entrer dans la ville, c'est alors que Garibaldi en personne fit prisonnières les deux compagnies qui restaient. Il les fit masser dans la cathédrale; en y entrant à cheval, il vint les féliciter en leur disant :

— Braves Français, vous êtes d'excellents soldats, mais vous combattez pour une mauvaise cause.

Ensuite il les fit conduire dans les Etats du roi d'Italie dans lesquels ils furent fort bien reçus. Ceci nous démontre que si la charité du pape considérait les garibaldiens comme criminels en les fourrant au bagne, Garibaldi ne nous tuait pas comme il en demeurait en droit.

Le pape le considérait comme un chef de brigands; mais lui, en donnant un sort patriotique à nos prisonniers, prouvait sa générosité en combattant la tyrannie du pape pour la liberté de l'Italie, et la reconnaissance de son pays, quand, après une victoire, il faisait chanter par ses troupes *la Marseillaise* italienne honorée des mots : *Viva la Francia!* (Vive la France.)

Il nous apprend que l'Italie a toujours eu sur le dos la tyrannie cléricale, combattue par nous en 1793. En suivant notre exemple, ils ont réussi à faire l'unité italienne. Le *viva* de leur *Marseillaise*, qui ne serait pas connue sans la nôtre, est on ne peut mieux placé dans leur chanson patriotique. Je réponds que sans le pape ces deux peuples seront toujours unis.

CHAPITRE VIII

COMBAT ET RÉVOLUTION ROMAINE.

Aussitôt le combat de Monterotondo les troupes de Garibaldi se dirigèrent sur Rome pour attaquer les troupes papales composées de deux régiments de ligne, un régiment de dragons, un régiment de zouaves et un bataillon de chasseurs suisses. Ces troupes ne pouvaient lui être de grand secours parce que les unes étaient trop lâches et les autres trop intrépides. Poussés qu'ils étaient par leur fanatisme, ces derniers étaient les zouaves recrutés pour ainsi dire tous dans la Bretagne, suivant l'exemple du fanatisme donné par leur brave colonel de Charette, également Breton. Sur le champ de bataille, le soldat doit toujours profiter des accidents de terrain pour avancer incognito sur l'ennemi en cherchant à éviter ses balles. Cette tactique fait l'économie des troupes, ainsi que ses avantages. Les zouaves au contraire, pour se montrer bons soldats et prouver qu'ils combattaient pour la sainte cause, fuyaient tous les accidents de terrain pour présenter à l'ennemi le beau milieu de leur poitrine que ses balles ne pouvaient manquer, tandis que les leurs ne pouvaient atteindre les garibaldiens retranchés derrière tout ce qui pouvait les protéger : roches, haies, buissons, fossés ou murs.

Par ce moyen les garibaldiens avaient une force supérieure sur les fanatiques zouaves qui savaient mourir pour la sainte cause.

Les chasseurs suisses différaient un peu des zouaves en ce qu'ils étaient salariés. Vous comprenez facilement que, par ce moyen, ils s'épargnaient le plus possible par une fausse manœuvre qui les éloignait de l'ennemi plutôt que de les en rapprocher.

Quand, par hasard, ils étaient obligés de combattre, ils reprenaient leur valeur nationale de bons défenseurs.

Quant aux dragons et aux lignards, ils restaient dans Rome parce qu'ils étaient reconnus trop lâches pour défendre leur pays (1).

Je ne fais pas ici mépris de la

(1) Ces lâches soldats n'étaient que des nobles ou des mendiants qui vous sont déjà connus.

vaillance italienne, mais vous savez que dans n'importe quelle nation il y a du choix dans les hommes pour former une bonne armée.

Or, d'après le principe du recrutement pontifical, il ne pouvait avoir qu'une armée de parade. Vous allez comprendre pourquoi les paroles de l'évangile ont raison dans l'organisation de l'armée pontificale. Les Romains, après avoir été les premiers soldats du monde, en sont devenus les derniers, depuis que le pontife romain enseigne l'évangile. Je veux vous dire pourquoi les Romains actuels ne sont que des soldats de parade.

C'est toujours par esprit d'économie au budget de l'autel pontifical. (Je m'abstiens de dire budget de la guerre, parce que le pape ne fait pas la guerre.) Vous comprenez qu'il ne fait que de se défendre? Il n'a pas besoin de gros budgets, puisqu'il n'a que ses suisses à payer, et avec le budget des aumônes. Pour les autres bonnes troupes, telles que mon unique régiment, la France de l'époque lui faisait cadeau de tout, habillement, armement, nourriture. Service des hommes et même le sang avec?? Ma pauvre mère, je frémis pour toi en écrivant ce dernier mot, et cependant il n'est que l'exacte vérité.

Il me reste donc à vous dire comment étaient formés les régiments de lignards et de dragons. C'étaient de nobles romains qui s'habillaient et se nourrissaient à leurs frais, y compris l'équipement pour la cavalerie. Ces jeunes dandys faisaient les fashionables en temps de paix. Mais, aussitôt que le pays était en danger, avec une simple permission de leur supérieur, ils quittaient le sabre pour le donner à un de leurs sujets qui venait se placer dans les rangs sans autres formalités, en répondant à l'appel fait au nom de son maître sans encourir pour cela aucune punition. Il en était de même des domestiques, s'ils avaient manqué, puisqu'ils n'étaient attachés à rien, vu l'absence de lois militaires.

Voilà pour la première portion. Les autres soldats qui servaient par engagement écrit, étaient les gendarmes, tous braves et faisant un service pénible ; et les mendiants dont je vous ai entretenus au chapitre II. Ces derniers étaient peu nombreux et trop peu de chose pour que l'on y fît attention ; quand ils ne se plaisaient plus dans les rangs de l'armée du pape, ils désertaient en passant ailleurs. Voilà donc l'armée qui devait résister au général Garibaldi. En apprenant que la ville se mettait en révolution, il la quitta en tirant seulement quelques coups de fusil.

Je vous vois sourire en disant comme Garibaldi : Puisque le pape est infaillible, avant de rentrer dans la ville éternelle il me faut voir s'il pourra conjurer la Révolution.

N'oubliez pas que je suis de retour dans la ville et que je remarque avec attention tous les événements que je vais vous raconter les uns après les autres, Garibaldi se retira sur Mentana où nous irons le retrouver plus tard. Quoique la ville de Rome fût en état de siége, quelques insurgés purent passer aux portes pour aller en ville occuper des maisons voisines des places publiques sur lesquelles nous bivouaquions et, pendant notre repos, ils y jetèrent des bombes explosibles qui firent un grand vide dans nos rangs. Par mesure de précaution le commandant de place fit fouiller toutes les maisons suspectes de la ville, pour ramasser les armes qui n'avaient pas été consignées comme l'ordre en avait été donné préalablement. Pour cette opération il fallut beaucoup d'hommes, on avait cru pouvoir les retirer de leur service de ronde des murs de la ville, tombant en ruine à quelques endroits. Mais, dans la nuit, les insurgés déjà pénétrés dans Rome allaient chercher des armes que leurs camarades extra-muros leur passaient par une trouée qu'ils avaient pratiquée en démolissant le mur. Vous comprenez facilement que nos perquisitions domiciliaires devenaient infructueuses contre tant d'engins. J'ajouterai que la troupe ne pouvait plus rentrer dans les casernes parce qu'elles étaient toutes minées.

Exemple : un soir à sept heures et demie une demi-heure avant l'appel, la caserne Saint-Restori sauta en éclatant avec une grande quantité de soldats déjà rentrés. Vous voyez donc qu'il nous était impossible de résister à tant de calamité. C'est alors que mon régiment dut se rappeler les dernières paroles du général Dumont, quand il nous disait :

— Vous êtes soldats français et vous n'avez rien de commun avec les troupes pontificales.

Dans un autre passage, quand les légionnaires désertaient tous les jours le colonel nous passa en revue et nous dit en pleurant :

— Si vous partez tous, que dirai-je à vos mères quand elles me demanderont leurs enfants que le gouvernement de l'empereur m'a confiés.

Pour lui le moment était donc venu de demander du renfort à notre chère France pour ne point dire à nos mères : Vos enfants sont morts par la politique d'un despote. Du moins non, ils sont martyrs; car tous ceux qui meurent pour notre sainte Eglise ont bien mérité cette gloire dans le ciel.

En effet, ils y sont partis tout droit à la catastrophe de la caserne Saint-Restori. Bonnes mères, consolez-vous. Pour donner une autre consolation aux mères qui avaient encore leur enfant, le colonel demanda de suite du secours à l'empereur qui ne manqua pas d'expédier immédiatement un corps d'armée venu à pleine vapeur au port de Civita-Vecchia. Ne pensez pas que tant de vapeur était pour nous secourir au plus tôt. — Oh! non. *C'était pour faire plaisir à parrain Pie IX, qui dans ses exploits les plus héroïques ne valait pas seulement ce diable de Garibaldi se permettant d'aller laver sa conscience jusque dans le bénitier de l'église Saint-Pierre au Vatican. Aussi eut-il la chance que Pie IX avait oublié son goupillon sur le trône impérial de France*, sans quoi il aurait pu sentir par le froid de l'eau bénite, qu'il n'était pas permis de combattre le représentant du Christ pour rendre la liberté au peuple qu'il aimait tant !

Alors, bons pères, consolez-vous,

les têtes de vos enfants vous seront bientôt rendues sur les champs de bataille de *Rome*, *Mentana* et *Sedan*, comme dragées du baptême. Surtout, mes bons amis du village, rappelez-vous ce mémorable baptême qui ne vaut pas un bon jour d'élection, quand nous pouvons au moins respirer avec liberté et dire : Aujourd'hui je suis *souverain*, mais je ne veux pas de goupillon pour être parrain chez moi !!

En attendant le renfort de notre chère France, nous répondons avec le plus de courage possible aux coups de feu qui nous sont tirés de toute part. C'est pour vous dire que si quelques-uns de la noblesse romaine ne nous avaient réfugiés dans leur palais en attendant le corps d'armée venant de France, je ne serais pas ici aujourd'hui pour vous écrire mes voyages. Enfin, quoiqu'il soit plus facile de vous l'écrire que de le sentir, il faut vous dire que trop jeune encore et sans expérience (1), j'étais parti volontairement, il fallait donc avaler la pilule, et plutôt mourir, comme les zouaves, pour la sainte cause, puisque le gouvernement français ne voulait pas faire mieux en nous rappelant en France, plutôt que de revenir encore à Rome avec son parjure et son armée pour nous défendre. C'est le danger seul qui nous la fit voir avec beaucoup de joie.

Sa seule apparition suffit pour dissiper presque instantanément la Révolution romaine. C'est alors que

(1) Aussi, toi, ma sœur, ne porte plus tes enfants au curé pour les faire baptiser en considérant que son eau bénite n'est que le frein de notre liberté.

nous sommes tous dirigés sur *Mentana*. C'est là que Garibaldi avait massé toutes ses troupes, avec lesquelles il résista à tant de soldats pendant seize heures, pour être vaincu à la fin, mais non rendu. Il eut le temps et la générosité de se sauver dans le repos en attendant la malheureuse occasion de prêter son talent et le courage de ses vieux jours (en 1870), au peuple français, à lui tant reconnaissant, tandis que Napoléon III, l'indigne empereur des Français, eut la lâcheté de remettre en personne son épée au roi Guillaume de Prusse, qui la fit immédiatement porter au musée de *Berlin*. Moi, Français, je ne le visiterais jamais si Louis-Napoléon Bonaparte n'était rayé de notre liste civile !

Cela dit, nous restons à Mentana en faisant beaucoup de prisonniers, sans pouvoir vous en dire ni le nombre ni le sort.

Il est inutile de vous dire que le corps d'armée est rentré triomphalement avec nous à Rome, le 11 décembre, trois jours après la bataille.

En rentrant par la Porta Pia où les autorités civiles nous attendaient avec une députation de la noblesse romaine, dans laquelle il y avait des dames portant des bouquets pour attacher à la boutonnière de nos capotes, des sapins plantés le long de chaque côté de la rue, du sable et des fleurs semées sur le pavé, des portes de triomphe de distance en distance ; toutes les fenêtres et balcons étaient occupés et décorés. Avant la formation du cortége, nous avons bu les rafraîchissements offerts par les autorités romaines.

C'est ensuite que nous sommes

partis, précédés des fanfares de la ville et de plusieurs autres, venues des cités environnantes.

Arrivés sur la place du Quirinal, des poignées de mains sont échangées de part et d'autre, soldats, bourgeois, nobles, femmes du peuple et princesses.

De grandes félicitations de la part du ministre-cardinal de la guerre nous sont faites, suivies des acclamations de : Vive l'armée française !

La breloque bat et toutes les troupes se retirent dans les casernes et locaux de la ville, guidées par quelques vétérans que le pape conservait pour leur ancienneté de service.

Les troupes françaises restent encore huit jours ; mais, voyant que tout était rentré dans l'ordre le plus parfait, elles retournent dans notre chère France en nous laissant, nous légionnaires, avec notre engagement volontaire.

CHAPITRE IX

Mes amis, suivez-moi dans cette agréable campagne romaine.

Le 24 juin 1868, nous quittions Rome pour aller au camp d'Annibal faire les grandes manœuvres avec les soldats du pape.

Vous allez vous étonner de nous retrouver campant et manœuvrant avec eux après que le général Dumont nous avait promis que nous n'aurions plus rien de commun avec les troupes pontificales.

Je vous fais remarquer que tous ceux qui n'ont pas déserté étaient d'une excellente pâte d'homme (*je dis cela sans vanité*), pour avoir la soumission de manœuvrer sous le commandement d'un général pontifical.

Malgré nos droits français rendus d'une manière irrévocable par le général Dumont envoyé de l'empereur, nous ne pouvions plus distinguer notre patrie, ni savoir à qui répondre ni obéir (1).

Vous voyez donc bien, mes bons

(1) Si pourtant, car Napoléon, ce fidèle conjoint du pape, avait permis de nous torturer l'esprit par tous les moyens, enfin ma plume manquant d'habileté pour vous décrire notre fausse position militaire, je ne puis que vous dire qu'au fond du cœur je porte le deuil de tous mes camarades victimes du conseil de guerre, établi tout exprès pour notre légion et présidé par un officier français qui fut assez cruel pour nous condamner tous à la dégradation militaire ; mais la grande et juste et plaidoirie de mon ami et collègue Delacour en fit acquitter beaucoup ; il s'était fait l'avocat de tous ces malheureux qui étaient trop pétulants soldats pour se résigner à obéir jusqu'au point de faire la révérencieuse génuflexion devant la mule du pape, comme la faisait notre colonel d'Argy.

amis, que nous étions sacrifiés au bénitier.

Je vous cite cette manœuvre pour vous faire remarquer qu'il nous fallait obéir quand même ailleurs qu'en France, parce que nous avions comme général italien, M. Zappy, notre véritable chef.

Nous sacrifier à l'étranger avec qui nous devions manœuvrer et dont nous devions subir encore le joug de la discipline, comme les sentences du conseil de guerre, à l'occasion, c'est, à mon idée, la plus grande indignité qu'on puisse faire subir à un soldat français. Nous nous soumettions docilement à la discipline de nos règlements pour l'armée française, sachant que c'est la première condition pour maintenir son équilibre, mais nous aurions voulu pouvoir nous affranchir de la discipline cléricale.

Si je vous recommande de lire mon livre attentivement, c'est pour bien vous pénétrer qu'en suivant mes conseils, vous ne devez pas plus servir un goupillon qu'un despote, tous deux sont les fléaux de la société.

Pour m'assurer que vous serez plus heureux que votre parent, vous allez me jurer par serment, sur un bulletin de vote servant au suffrage universel, de ne jamais servir que votre patrie (elle) assez sage pour ne combattre que la tyrannie et que les cantiques chantés de notre temps de sauver (*Rome*) et la France soient remplacés pour vous, enfants de la France, par les glorieuses strophes du vaillant *lieutenant* Rouget de l'Isle.

LA MARSEILLAISE

I

Allons, enfants de la patrie,
Le jour de gloire est arrivé ;
Contre nous de la tyrannie
L'étendard sanglant est levé. *(bis.)*
Entendez-vous dans les campagnes
Mugir ces féroces soldats ?
Ils viennent jusque dans vos bras
Egorger vos fils et vos compagnes.

Aux armes, citoyens ! formez vos bataillons ;
Marchons, marchons,
Qu'un sang impur abreuve nos sillons !

II

Que veut cette horde d'esclaves,
De traîtres, de rois conjurés,
Pour qui ces ignobles entraves,
Ces fers dès longtemps préparés ? *(bis)*
Français, pour nous, ah ! quel outrage !
Quels transports il doit exciter !
C'est nous qu'on ose méditer
De rendre à l'antique esclavage !

Aux armes, citoyens ! etc.

III

Quoi ! des cohortes étrangères
Feraient la loi dans nos foyers ?
Quoi ! ces phalanges mercenaires
Terrasseraient nos fiers guerriers ? *(bis)*
Grand Dieu ! par des mains enchaînées
Nos fronts sous le joug se ploîraient !
De vils despotes deviendraient
Les maîtres de nos destinées ?

Aux armes, citoyens ! etc.

IV

Tremblez, tyrans ! et vous, perfides,
L'opprobre de tous les partis ;

Tremblez! vos projets parricides
Vont enfin recevoir leur prix : (*bis*)
Tout est soldat pour vous combattre :
S'ils tombent, nos jeunes héros,
La terre en produit de nouveaux,
Contre vous tous prêts à se battre.

Aux armes, citoyens ! etc.

V

Français, en guerriers magnanimes,
Portez ou retenez vos coups,
Epargnez ces tristes victimes,
A regret s'armant contre vous ; (*bis*)
Mais ces despotes sanguinaires,
Mais les complices de Bouillé,
Tous ces traîtres qui sans pitié
Déchirent le sein de leur mère.

Aux armes, citoyens! etc.

VI

AMOUR SACRÉ de la Patrie,
Conduis, soutiens nos bras vengeurs.
Liberté, Liberté chérie,
Combats avec tes défenseurs! (*bis*)
Sous nos drapeaux que la victoire
Accoure à tes mâles accents ;
Que tes ennemis expirants
Voient ton triomphe et notre gloire !

Aux armes, citoyens! etc.

VII

Nous entrerons dans la carrière,
Quand nos aînés n'y seront plus ;
Nous y trouverons leur poussière
Et la trace de leurs vertus. (*bis*)
Bien moins jaloux de leur survivre,
Que de partager leur cercueil,
Nous aurons le sublime orgueil
De les venger ou de les suivre!

Aux armes, citoyens! etc.

CHAPITRE X

Après vous avoir fait la description du camp, je vous conduirai au village voisin et ses environs, y compris la forêt sur le bord de laquelle nous avions établi nos tentes, entourées de petits fossés pour recevoir les eaux du ciel, ainsi qu'une sentinelle pour surveiller l'approche des serpents qui cherchaient toujours la chaleur de la nuit en venant comme le soldat, sous la tente. Vous pensez que nous étions bien mieux au village de Rocca di Papa, construit sur une grosse montagne de roche, pays fort curieux par ses constructions. Les maisons sont creusées dans la roche, par conséquent de très petites rues étroites dans lesquelles l'exploitation du village ne peut se faire qu'à dos d'âne. Dans ce village les paysans nous ont prouvé leur bon cœur en nous laissant pour ainsi dire piller leurs demeures dans lesquelles nous trouvions du bon vin, du laitage, du fromage de chèvre et de la salade à discrétion, toujours assaisonnée avec de l'huile d'olive de première qualité. Quant au reste, pour ne pas flétrir le beau sexe, il faut venir avec moi, voir ces ruines de l'ancien palais et demeure des premiers papes. Jugez-en donc la beauté, après vous avoir dit qu'elles se trouvent sur un rocher gigantesque, derrière le village, duquel nous apercevons la mer Méditerranée, en franchissant l'espace de cette belle plaine romaine.

Puisque nous voilà satisfaits de cette magnifique vue, nous allons retourner au camp voir si les hommes ont fait le café du midi; nous nous mettrons à l'ombre pour le boire, sous nos gourbis de branches feuillées, que notre voisine la forêt nous donne à volonté, et nous fumerons notre pipe, en faisant la sieste, comme c'est l'habitude en Italie, quand c'est la saison chaude, comme aujourd'hui 15 juillet 1868.

Demain 16, nous ferons quatre heures de manœuvres le matin, commandés par notre général Zappy.

Nous irons ensuite avec les amis Delacour et Renoir visiter le lac de Castel-Gondolfo, ancien volcan ayant sept kilomètres de circonférence et deux cent cinquante-trois mètres de profondeur. L'eau en est bleue; depuis quelques siècles qu'elle n'a plus l'odeur de soufre, le lac est poissonneux. Pour aller y pêcher à la ligne, le voyage est des plus périlleux, car il faut descendre au moins 180 mètres d'une rapidité vertigineuse. S'il n'y avait pas tant de broussailles pour vous retenir, l'on serait dans le lac avant que d'y penser. Après avoir pêché pendant deux heures, nous remontons sans accident, quoique gênés par nos fusils qui ne nous quittaient jamais; en revenant nous faisons la rencontre d'un brave paysan avec qui nous avons lié conversation, en italien, bien entendu; car, depuis le 17 septembre 1866, nous avions eu le temps de l'apprendre et de le parler comme de vrais Romains. C'est pourquoi il nous dit :

— Mes amis, je suis Antonio Peretti, habitant du village Castel-Gondolfo, distant de quatre milles d'ici.

Nous avons un autre lac, plus poissonneux, et demain, venez nous voir à l'heure du midi, vous serez les bienvenus dans notre village, car nous aimons beaucoup les Français. Cependant, nous dit-il, vous feriez bien de cueillir de la fougère, en vous en retournant, vous auriez une litière plus douce et par conséquent vous seriez mieux reposés pour demain. Je me propose de vous faire faire une bonne partie de plaisir.

En effet, le 17 nous partions pour arriver à l'heure militaire (midi). En arrivant chez notre hôte il nous fit entrer dans la pièce principale de son habitation, assez obscure; le jour n'y pénètre que par la porte, les fenêtres faisant défaut. S'il n'y avait pas toujours une lampe éclairant une madone (Vierge) dans une petite niche qui se trouve dans le mur au-dessus du lit (1), on serait dans l'obscurité toujours, au fond de cette pièce voûtée que nous aurions prise pour une cave française. Le paysan nous présente sa femme

(1) Je profite de ce petit passage pour vous dire comment les prostituées osent satisfaire leur clientèle et juste en face de la Madone.

Cette prostituée ne fait que couler un petit rideau, et vous avez déjà compris que presque aussitôt elle le découle pour rallumer la petite lampe en demandant un sou de plus à son client pour acheter de l'huile à sa bonne Madone qui laisse faire sans se scandaliser.

A cette femme il faut donner un sou de plus, quand chez le cabaretier vous avez bien pour un sou de manquant dans votre litre de vin, et quand un étranger veut connaître le motif de ce manquant, le maître de l'établissement lui dit :

— C'est pour entretenir la lumière de cette Madone que vous voyez au fond de mon cabaret...

Lui qui, en même temps, enrichit un des membres de notre gouvernement qui a le monopole des huiles (vous comprenez).

Ce que j'ai trouvé de mieux qu'en France, c'est que le clergé romain rend au commerce l'argent qu'il lui demande ; car, dans les cafés, l'on ne voit que des curés lisant le journal, vu que le pauvre monde n'a pas besoin de savoir lire pour rester le fidèle de l'église.

et sa progéniture, composée de quatre jolies demoiselles et d'un fort garçon. Nous fûmes accueillis de la meilleure grâce du monde.

— Mes amis, nous dit Antonio, je vais vous régaler avec notre mets favori qui sera le vôtre, je l'espère. Ce mets était la della Polenta, espèce de galette, ne mesurant pas moins de 70 centimètres de diamètre, fabriquée avec de la fleur de farine de maïs.

Madame la dépose sur la grosse table en bois; les demoiselles, par ordre de leur père, avaient eu soin de placer des chaises assez grossières et de s'intercaler une entre chaque soldat (jugez de l'honneur reçu). Avant de commencer à manger, le jeune homme se tenant debout à un des bouts de la table, un livre en main, récita des prières pour que Dieu bénît notre repas et les plaisirs que nous allions prendre. La prière terminée, c'est alors que nous attaquâmes cette galette tous ensemble en la coupant par tranches, en buvant le bon crû du pays, suivi du café, et des danses exécutées par cette belle jeunesse au son du tambour de basque. Ce tambour est suffisant pour mettre le village tout en fête par le moyen qu'une partie de la jeunesse est venue se joindre à ces danses tourbillonnantes, qui ne s'arrêtaient que par intervalles, pour boire della limona (*eau citronnée*) que les parents apportaient avec du vin. Vous comprenez facilement que nous avons péché la bouteille plutôt que le poisson. Nous revînmes au camp après avoir promis à nos nouvelles amies de revenir le surlendemain.

C'est par pitié pour notre fatigue qu'elles nous épargnèrent la moitié du chemin en nous donnant pour rendez-vous une jolie clairière dans laquelle nous fîmes notre siesta, de distance en distance pour ne pas troubler notre repos l'un l'autre après avoir goûté les bonnes friandises qu'elles avaient apportées pour cette circonstance. Dans ce lac de Bacchus, nous puisâmes jusqu'à la lie la volupté de nos Vénus, nous poursuivant jusque dans nos rêves les plus enchanteurs qui s'évanouissent par la nouvelle que nous allons quitter le camp le 24 juillet pour aller faire notre cour aux fières Albanaises. Vous comprenez, mes bons amis, que nous fûmes assez délicats pour ne point faire tort à notre civilisation française en ne retournant pas pour la dernière fois au village de Castel-Gondolfo, chercher notre poisson et témoigner notre regret chez le bon Antonio sans oublier nos amies.

CHAPITRE XI

DÉPART DE ROCCA DI PAPA POUR ALBANO

Le 24, à deux heures du matin, la diane s'exécute en musique sur le front de bandière pour faire l'appel une demi-heure après, avec un contre-appel, de manière à bien s'assurer que tout le monde part ensemble.

Mes petits amis, écoutez le conseil de votre parent qui vient vous tracer votre ligne de conduite, pour le jour où vous serez soldats tous, sans distinction de naissance ni de fortune et que vous aurez, imprimée dans votre mémoire, votre parole donnée par serment sur ce petit morceau de papier qui nous fait souverains et vous oblige à être soldats plus sérieux que moi, qui ne l'étais que d'un despote, quand vous aurez à défendre chacun votre petit coin de terre, car n'oubliez pas que ce papier seul vous tient propriétaire, et qu'au lieu de voir toujours sur vos lèvres comme chez nos anciens soldats, ces deux noms perfides Bacchus et Vénus, pénétrés dans la mauvaise éducation militaire et corrompant tous les hommes de choix sur lesquels la nation comptait toujours avec déception pour la défendre.

C'est en quoi vous allez me promettre de remplacer ces deux noms perfides dans vos conversations familières par ceux d'honneur et patrie. C'est mon patriotisme qui me pousse à faire tant de politique. Je connais tant la faiblesse humaine, que je crains toujours de vous y voir retomber.

Je veux vous voir partir en bon ordre avec plus de respects, et d'autres conversations le long du voyage. La comparaison de mon temps n'étant pas possible avec le vôtre, il ne faut parler que pour notre époque et seul que pour vous.

Puisque vous êtes prévenus du départ déjà depuis quatre jours, vous avez tout le temps voulu pour vous reposer le plus possible, en donnant un coup d'œil sur votre géographie, qui ne doit jamais vous quitter, pour bien vous préparer à étudier les pays que vous allez traverser. Dans les intervalles d'étude, vous mettrez ordre à votre habillement, équipement, sans oublier le linge ni la chaussure que vous aurez soin de bien graisser. Si en route vous souffrez de la sueur, combinée avec la poussière, vous aurez le soin de ne jamais vous laver les pieds pour ne point attendrir les chairs déjà trop amollies par la sueur, essuyez-les simplement et graissez-les avec du suif.

Durant le voyage, vous chanterez de temps en temps une chanson patriotique républicaine toute faite sur un air enlevant parfaitement le pas. Pour des enfants tels que vous, je vous garantis un grand soulagement moral et physique ; dans les intervalles de chant, vous nourrirez vos conversations à bien commenter ces grandes paroles qui vous feront comprendre que vous êtes l'âme de la France.

Ah ! notre patrie compte en tous points sur votre jeunesse et votre vaillance, qui protége les vieux jours de vos parents, qui sont au coin du feu où vous reviendrez plus tard.

Par ce moyen, vous deviendrez l'armée instruite de la nation et non d'un despote qui faisait la guerre à nos dépens.

Certains de ne partir que très peu de temps, en effet il n'est plus permis de remplacer personne de nos enfants qui tombaient sur le champ de bataille pour un tyran. Quant à ceux qui périront maintenant pour la patrie reconnaissante, ils recevront nos éloges et nos couronnes de gloire (*par eux bien mérités*).

Surtout vous raisonnerez avec tous les habitants de leur culture, de leur industrie, ainsi que de leurs mœurs.

Vous daignerez de temps en temps mettre la main à l'ouvrage, de manière à bien leur montrer comment vous opérez, en prenant votre carnet chacun de votre côté pour écrire tout ce qui pourra être utile dans votre contrée ou dans votre village. Remarquez bien que par ce moyen employé réciproquement, les progrès ne peuvent manquer d'arriver en double expédition dans nos mœurs et dans notre industrie.

Considérez donc bien, mes amis, que le jour où vous faites faction à la porte de nos représentants du peuple, vous avez l'honneur de protéger nos bonnes lois.

A la porte du tribunal, vous protégez encore avec le même honneur la magistrature en laissant au jury la liberté de condamner le criminel qui purgera la bonne société.

Même sur le trottoir, vous avez l'honneur de protéger le bon commerce du monde qui doit toujours circuler avec facilité. Les citoyens peuvent travailler sans aucune interruption ; et payer facilement leur part d'impôt au trésor qui vient à son tour le répandre sur la nation tout entière avec la plus grande *équité*.

Mes amis, si vous voulez faire la gloire de la France, il faut suivre mes conseils, en respectant les anciens qui nous ont écrit les Droits de l'homme, et bannir le fougueux tyran qui fit de nos soldats une armée de sentinelles, moins vigilantes que les oies du *Capitole*.

Je veux m'arrêter un instant pour vous donner l'exemple d'un autre devoir. Votre prestige étant suffisant, maintenant, pour maintenir l'ordre (en général).

Il faut venir avec moi secourir cette malheureuse population cholérique à Albano, où tout le monde meurt sans secours. Il faut nous faire subitement les consolateurs des malheureux en nous subdivisant de maison en maison, nous faisant sœurs de charité, croque-mort et fossoyeurs, et savoir profiter de notre nouvelle éducation militaire, en ne demandant pour récompense que la reconnaissance des survivants qui ne manqueront pas de nous la donner en retour des services rendus, et de notre vigilance, en gardant précieusement chez l'un ses livres de commerce, chez l'autre son coffre-fort, et partout la richesse mobilière. Ne serait-ce que pour le portrait du défunt que nous aurons su conserver aussi intact que tout le reste. Je vais quitter Albano, content d'avoir fait pour autrui ce que je désirerais qu'il me fît. *Honneur à nos officiers* qui nous ont donné l'exemple du *Lien social*, en nous commandant partout où la troupe peut se rendre utile, au choléra comme à l'incendie et à l'incendie comme à l'inondation.

Voilà, jeune homme, les plus nobles devoirs qu'il faut vous imposer et renvoyer à leurs auteurs les indignes caricatures que la critique nobiliaire a toujours fait faire sur vous.

Je viens vous engager, mes amis, à bien vous observer sous le rapport de la caricature qui peut toujours retomber sur vous-mêmes, quand vous ne serez pas au goût d'un de vos compagnons d'armes. Comme il peut ne pas être du vôtre, pour éviter bien des choses désagréables, je désire vous voir faire une transfusion d'esprit. Car aujourd'hui tout le monde étant soldat et presque tout le monde instruit, il se trouve bien plus d'hommes dans les rangs capables de faire des officiers que les cadres ne peuvent en recevoir. Il est donc bien évident que ces hommes capables et pour la plupart fortunés, rentreront dans leur famille aussitôt leur congé terminé. C'est alors qu'ils auront garanti leur fortune financière et mobilière par l'estime qu'ils auront laissé au régiment dans les cœurs de leurs camarades pauvres, qui, eux, n'ont aucune propriété à défendre en cas d'agression contre la patrie. Mais là, au régiment, le riche n'est que l'égal du pauvre, vis-à-vis du service et de la discipline, il faut, messieurs les fortunés, vous efforcer de faire en sorte d'être le camarade du pauvre, en employant votre instruction à lui être bienveillant et respectueux; car cette bonne instruction gagnée par vous au collége doit être répandue également par vous au régiment parmi tous ces déshérités toujours en récompense du courage de l'enfant pauvre qu'il dut pour vivre associer son travail à celui de son père, dont celui-ci faisait la fortune du vôtre et avec laquelle il put vous faire instruire, par droit d'humanité, quand vous n'aurez pas repoussé l'ouvrier de votre père, qui deviendra le vôtre. C'est alors qu'en voyant votre fortune en danger, il combattra avec bon cœur pour la défendre, comme si tout lui appartenait.

Vous, respectueux fortunés de notre siècle et connaissant l'histoire, ne faites pas comme nos anciens officiers de la noblesse française, qui se sont faits les insulteurs du militaire en le faisant caricaturer (car ils étaient incapables de les peindre eux-mêmes), aussi ils ont reçu comme prix de leurs grossières bouffonneries, la couleur du sang de leurs pères versé par la vengeance du peuple en 1793.

Mes amis, en considérant qu'un bon mot tient toujours sa place, mon manuscrit étant terminé, j'ai la chance de lire sur mon *Journal officiel* les quelques allocutions patriotiques adressées à l'armée par nos braves officiers généraux, lors de la remise des drapeaux de la République (le 25 juillet de l'an 1880). Aussi je me réjouis de pouvoir vous les copier textuellement. à la suite de mes sentiments militaires qui viennent se souder avec ceux de nos vaillants généraux ci-dessous dénommés, en vous disant qu'ils sont les planteurs de l'arbre à fruits de notre liberté, mais que, pour profiter de ces généreux fruits, calmant nos douleurs patriotiques, et nourrissant nos droits de citoyen, desquels vous jouirez avec libéralité, surtout quand vous aurez vu s'écouler votre petit congé, avec respect pour vos chefs et amour pour votre patriotique drapeau, qui vous est tant recommandé par ces grands défenseurs de notre prospérité nationale. C'est là que vous comprendrez vos jours les plus glorieux dépensés pour la patrie.

Allocution adressée aux troupes de Limoges par le général Schmitz, commandant le 12e corps d'armée.

SOLDATS,

Je suis chargé par le gouvernement de la République de distribuer les drapeaux et étendards aux troupes du 12e corps d'armée.

Les autorités civiles, le conseil municipal, les fonctionnaires et un grand nombre de nos concitoyens ont voulu s'associer à cette cérémonie nationale, je dis nationale, car depuis près d'un siècle, ces nobles insignes, éclairés tour à tour par le soleil de la victoire ou assombris par la tempête, ont été les témoins inséparables des joies et des douleurs de la patrie. Remis entre vos mains, ils deviennent le gage de ses espérances.

Je voudrais faire pénétrer dans vos cœurs l'émotion virile que je ressens à la vue de ces brillantes couleurs; soyez bien assurés qu'il n'est aucun sacrifice, même celui de la vie, que je ne sois prêt à accomplir pour en rehausser l'éclat.

SOLDATS,

Je vous remets ce précieux dépôt au nom de la République : dans quelques instants, le drapeau de la France sera entre vos mains. Chérissez-le, honorez-le en maintenant parmi vous cette discipline sérieuse qui fait la force des grandes armées, consolide leur puissance, et vous prépare aux rudes épreuves des combats.

LYON. — *M. le gouverneur commandant le 14e corps d'armée, a prononcé l'allocution suivante en remettant les drapeaux aux régiments placés sous ses ordres :*

OFFICIERS, SOUS-OFFICIERS ET SOLDATS,

Je confie à votre honneur les drapeaux que vous avez reçus des mains du Président de la République.

Ils vous rappelleront les paroles si émouvantes et si patriotiques qu'il a prononcées en vous les remettant et vous vous en inspirerez dans toutes les circonstances où ces nobles insignes seront appelés à dérouler leurs plis, ils doivent être pour vous le symbole de ce que vous avez de plus cher : du foyer où vous êtes nés, de la famille qui vous a élevés, de la Patrie, de la France, dont vous êtes les défenseurs. Les noms des batailles que vous pouvez voir inscrits sur leurs flammes, vous remettront en mémoire les grands exemples que vous ont légués nos pères, les mâles vertus qu'ils ont pratiquées, leur constance, leur résignation, leur fermeté à supporter les fatigues et les privations, leur abnégation, leur énergie, leur héroïsme dans les dangers... et vous aussi, soldats, lorsque l'heure du combat aura sonné, vous vous serrerez autour de ces drapeaux, vous ne les abandonnerez jamais, et vous saurez mourir, s'il le faut, pour leur défense et pour celle de la République.

(Cette allocution sera lue aux troupes par la voie de l'ordre.)

A Rennes, M. le général Osmont, commandant le 10e corps, a prononcé l'allocution suivante :

OFFICIERS, SOUS-OFFICIERS ET SOLDATS,

Vous allez recevoir les drapeaux

qui ont été remis à vos colonels, le 14 juillet, par le Président de la République, assisté des grands corps de l'Etat.

C'est la France républicaine qui vous les confie, c'est donc vis-à-vis d'elle que vous en êtes responsables.

Vous vous rappellerez, d'ailleurs, que c'est sous notre République que ces nobles couleurs tricolores se sont déployées pour la première fois, et qu'elles ont déjà victorieusement guidé les armées républicaines pendant la période qui s'étend de 1792 à 1800, sans vouloir rabaisser aucune de nos gloires nationales, on peut dire, néanmoins, que ce ne fut pas la période la moins brillante de notre histoire militaire, et nous trouvons sur la plupart de ces drapeaux quelques-uns des noms des batailles qui l'ont illustrée. Si jamais des circonstances analogues à celles de cette époque devaient se produire, nous retrouverions certainement chez les soldats de notre République définitive les mâles vertus dont leurs prédécesseurs leur ont donné de si beaux exemples.

J'aime à croire aussi que nous obtiendrons les mêmes succès. Ces drapeaux, symbole sacré de la patrie, seraient alors nos guides vers les destinées meilleures qui sont dues à la France; nous saurions les porter haut et ferme, mais nous saurions mourir plutôt que de les voir exposer à quelque humiliation.

C'est par de tels actes, c'est par de pareils sentiments que nous justifierons la confiance que met en nous notre belle patrie, notre France bien-aimée, ainsi que celle du gouvernement de la République la plus vraie et la plus complète personnification.

Voici l'allocution du général Berthe à Dijon :

OFFICIERS, SOUS-OFFICIERS, CAPORAUX, BRIGADIERS ET SOLDATS,

Je suis heureux d'assister à la remise qui va vous être faite par vos colonels, en présence d'une patriotique population, des drapeaux que le gouvernement de la République confie à votre honneur, à votre vaillance.

N'oubliez jamais que le drapeau est le symbole de la patrie, et que, pour défendre le pays lui-même, vous devez, sans hésiter, sacrifier jusqu'à la dernière goutte de votre sang. Soyez fiers des noms glorieux que vos devanciers y ont inscrits. Vous saurez imiter leur exemple. Je suis convaincu, surtout si vous gravez dans vos cœurs la devise qui est gravée en lettres d'or sur votre drapeau : honneur et patrie, que cette noble devise soit toujours votre guide dans les obligations que vous impose votre vie de soldat et dans les devoirs que vous aurez à remplir comme citoyens.

Après tant de devoirs accomplis il vous restera encore du temps pour prendre vos plaisirs (honnêtes) qui vous sont offerts, dans toutes nos villes de France pour ainsi dire gratuitement, tout en étudiant soigneusement les mœurs et l'industrie si riche dans chacune d'elles. C'est alors que vous aurez la capacité d'établir votre petit catalogue industriel dans lequel vous pourrez choisir ce qui conviendra le mieux à vos goûts et à vos aptitudes.

Notez bien qu'il vous restera encore du temps pour aller à l'école régimentaire finir votre instruction restée incomplète (pour le nécessaire) par la raison que vos parents avaient besoin de vos petits bras pour les aider à nourrir vos petits frères, car nous ne sommes plus au jour où nos pauvres pères vivaient d'aumônes pour avoir donné au châtelain du village, le travail, la sueur, le sang et la vie de la famille.

Quand ils devenaient trop vieux pour porter les armes (contre eux-mêmes), c'était le fils qui devait partir (pour la Syrie) avec son seigneur et quand ils étaient de retour, épargnés de la peste, ce bon seigneur, pour remercier le fils de tant de dangers pestiférés et le père, de sa soumission, disait à ce dernier :

— Après tant de sacrifices de ma

part pour instruire tes enfants (dans l'art de la guerre), tu dois me remercier d'avoir pris ton fils âne et de te le rendre cheval.

A notre époque, mes amis, vous pouvez partir pauvres, mais revenir capables d'être fortunés.

Avant de quitter cette fière Albano, possédant 10,000 habitants, il faut que je vous montre le monument de ce combat singulier des Horaces et des Curiaces, posé comme un catafalque et surmonté d'une petite pyramide.

Aujourd'hui, 10 août 1868, nous allons quitter cette généreuse population d'Albano, la laissant dans le deuil, pour aller tenir garnison dans cette coquette Tivoli, en passant par les pays suivants : Marino, 8000 habitants, ville très antique, construite sur une haute montagne de roches escarpées et desservie par un chemin de ronde, donnant accès à la ville par une seule porte formée de quatre voies. Les environs produisent de bon vin vendu quatre sous le litre, dans la ville. Les habitants ont l'air farouche.

Le 11, départ pour Frascati, pays très propre avec la station du chemin de fer de Rome. Nous visitons quatre magnifiques villas, dont une appartenant à un de nos ambassadeurs de France.

Le 12, départ pour Bocca-Priore. Ce pays est tellement pauvre que tous les habitants étaient portés à ne pas nous recevoir. Les autorités du village, ayant pourvu à nos premiers besoins, nous passons le reste de la journée en extase devant tant de bizarreries de la nature.

Départ le 13, pour Monte-Compatri. Même site qu'à Frascati ; avec cette différence que nous y trouvions les habitants, mais tous aussi pauvres, sauf le puissant seigneur prince di Rospigliosi qui nous fait distribuer des rafraîchissements tout en arrivant.

Départ le 15 de Monte-Compatri pour Colonna. Toujours même site.

Départ le 16, pour arriver enfin à cette charmante ville de Tivoli 12,000 habitants (1), rayonnant d'avoir de la troupe française dans leurs murs. Notre caserne étant la première habitation, en arrivant et bien fatigués par une chaleur intense, nous bûmes les rafraîchissements offerts par la ville, pour aller

(1) Tivoli est mon plus beau séjour, aussi vous ferez bien attention pour remarquer comme tout est instructif.

aussitôt nous installer et nous bien reposer pendant deuxjours avant de quitter la caserne. Il faut vous dire que, jusqu'au 14 septembre 1868, jour du départ pour Rome, nos fusils sont restés pleins de poussière au râtelier. C'est alors que vous allez me voir partir avec mes camarades visiter la ville et ses environs pittoresques dans lesquels nous allonsrespirer la finefleurdu parfum italien, odoriférant jusqu'à la ville (elle-même); nous allons d'abord boire le bon vin du pays chez le signor Peretti qui tient un café sur la place du marché (1).

Avant de commencer ma nomenclature, je tiens à vous faire remar-

(1) Je tiens à vous faire connaître les denrées vendues sur ce marché, car j'ai toujours considéré qu'un voyageur curieux de connaître un pays, doit commencer par cela pour y voir les produits, la richesse, les costumes et les mœurs.

quer que je suis pressé de voir tant de variétés, et vous engage à faire comme moi, qui les regarde toutes à la fois, en buvant le bon vin à six sous le litre, bien assis, et fumant mon gros cigare schalts sur la devanture du café.

Je commence par vous dire que je ne vois que des tas de melons, figues, amandes, pastèques, dattes, tomates, olives, et beaucoup de pêches ; quant au reste il faut vous figurer voir un marché français avec cette différence que j'y remarque très peu de choux, mais beaucoup de salades, car les Italiens en mangent trois fois par jour. La ville est des plus propres, ainsi que ses habitants, vêtus à la française, moins le le sarrau pour l'homme, et le bonnet pour la femme (le sarrau et le bonnet sont inconnus en Italie).

La femme se couvre la tête d'une grande pièce d'étoffe formant plusieurs épaisseurs de plis, de manière à se préserver des insolations, et l'hiver, vous lui voyez un grand châle posé sur la tête, pouvant se cacher la figure à l'occasion, mais laissant toujours pendre la queue du châle sur le dos.

Quant à l'homme, il est vêtu de tout temps, soit du paletot ou du veston. Vous pensez bien que le marché de Tivoli fait autant de bruit que celui de Reims, excepté à l'heure de midi, annoncée par la cloche de la cathédrale. Aussitôt, il se trouve instantanément suspendu. (C'est à ce moment que tous les hommes se décoiffent pour faire le signe de croix, ainsi que les femmes, mais, aussitôt leur courte prière terminée, le bruit recommence.)

Nous profitons de ce calme pour payer notre écot, et partir voir la jolie rivière, bordée de magnifiques jardins publics, d'allées de grenadiers, d'amandiers, d'orangers, de tilleuls et beaucoup de lauriers. En descendant cette limpide rivière, elle nous conduit jusqu'à sa jolie cascade, produite par une chute de quarante mètres de descente. En nous promenant dans ces jardins enchanteurs nous apprenons qu'il y a, vingt-cinq mètres encore plus bas, une gigantesque grotte portant le nom de Neptune et recevant les eaux de la cascade ; mais, quand nous avons trente-cinq degrés de chaleur en haut, il nous faut aller chercher notre capote, de manière à bien nous vêtir pour aller voir cet étonnant tourbillon d'eau qui sort encore plus bas, comme par un entonnoir, pour aller reprendre son cours et filer dans la plaine.

Nous allons retourner à la caserne en faisant un demi-cercle autour de la ville sur les boulevards, plantés d'ormes superbes se reliant par leurs branches les plus hautes qui recouvrent la route par leur épais feuillage.

CHAPITRE XII

Demain nous irons voir la villa Driano en traversant de magnifiques bois d'oliviers dans lesquels nous sommes distraits par le chant des cigales. Dans cette intéressante villa, qui a 4 kilomètres de traversée, nous avons la chance de rencontrer un garde particulier qui se charge de nous en faire la description par un récit des plus émouvants. Ces débris de muraille formaient une habitation princière du temps de la splendeur romaine, nous dit-il.

— Le prince Driano choisit notre beau Tivoli, et ce lieu pour faire construire avec des briques carrées et des rondes ce magnifique palais par douze mille esclaves. Cet homme n'avait pas trop de place pour lui quand ses esclaves n'avaient que des huttes tout autour de son palais. A une distance de cinq cents mètres, et en seconde ligne, des niches de chiens de guerre, en qui il avait plus de confiance qu'en ses esclaves puisqu'il les plaçait plus près de sa porte. S'il les caressait, c'est parce qu'il avait besoin d'eux pour mordre l'esclave à l'occasion.

Ceci raconté, nous allons aller

voir les anciens thermes de ce tyran, dans lesquels il s'est baigné tant de fois, dans cette eau sulfureuse, qui arrive ici d'un ancien volcan (que nous irons voir prochainement).

Préparez votre courage pour écouter le récit de ce garde qui nous dit : Quand le tyran avait à se plaindre d'un esclave, il le faisait venir dans cette eau encore chaude, vu la petite distance de la source volcanique ; pour qu'il souffrît moins, il lui faisait ouvrir les quatre veines pour le jeter ensuite à ses animaux carnassiers. Mais, quant aux indignes orgies que ces thermes ont vues, personne ne pouvant nous en dire le nombre, nous quittons ces lieux obscurs, la rage dans le cœur, en pensant qu'ils sentent encore l'odeur du crime.

Comme le cirque Franconi n'existait pas à cette époque, il faut aller voir les ruines de son amphithéâtre dans lequel il donnait à ses amis les spectacles les plus émouvants, en livrant ses esclaves hors de service ou condamnés à mort, souvent pour des choses futiles, à la proie de ses animaux carnassiers, avec qui ils devaient lutter. Quand le malheureux esclave venait à succomber, les applaudissements étaient prodigués aux bêtes féroces. Mais, si les plaisirs se prolongeaient nuitamment, certains esclaves étaient chargés d'enduire de résine leurs vieux camarades, hors de service, ou trop malades, qui se plaçaient de distance en distance, sur les bordures de l'allée servant de passage aux convives. Quand venait la fin du spectacle, les allumeurs y mettaient le feu (oui, le feu, nous dit encore une fois le garde) pour éclairer ces messieurs, partant se mettre à table autour de laquelle étaient couchés d'autres esclaves leur servant de tapis et de marche-pieds. Si ces nobles personnages ne se trouvaient pas suffisamment bien adossés, un autre esclave venait se placer le dos contre le sien, pour lui servir de souple dossier.

Je vous entends dire : mais pourquoi faisaient-ils un pareil service ? Réponse : Nos pères n'étaient qu'une marchandise vendable sur les marchés et portant au cou le carcan (collier rivé) et gravé au nom de leur maître, que celui-ci ne leur retirait que pour le remettre à un autre, le jour qu'il trafiquait sur les marchés. Nos titres de famille n'étaient distingués que par mâle et femelle. Voilà, mes amis, ce qu'étaient nos pères, ni plus ni moins que nos bestiaux sur les foires.

Je vous engage à prendre cette leçon pour le guide de votre liberté.

Nous allons retourner à la caserne, en parcourant ce grand espace de terre couverte de broussailles et capable de produire de si grosses betteraves, avec lesquelles nos industriels feraient de si bon sucre pour nous remettre le cœur, encore malade de tout ce que nous venons de voir et d'entendre. Pourtant, avant de sortir, je tiens à vous faire voir que cette grande propriété inculte appartient encore aujourd'hui à un parasite, qui vit de notre fanatisme.

Mais, comme ce garde ne reçoit pas de pourboire du soldat, il nous dit avant de nous quitter :

— Je veux vous montrer un tombeau construit en marbre blanc et en forme de pyramide (1).

Après avoir regardé bien haut pour apercevoir la pointe, il nous dit :

— C'est le monument funèbre de ce grand prince.

Pensez donc, chers lecteurs, tant d'élévation pour celui qui n'accordait pas seulement un petit trou pour faire enterrer son esclave, qui va être son égal devant la mort pour lui finir, comme son prince a vécu.

En partant, il faut vous dire que nous ne pourrons visiter notre ancien volcan qu'après-demain, parce que j'ai reçu ordre pour demain de faire la théorie aux hommes de ma

(1) Ce tombeau, on peut le voir chez moi sur un tableau sur lequel j'ai collé une grande quantité de photographies représentant des monuments de l'antiquité qui me servent aujourd'hui pour vous écrire.

compagnie, de midi à deux heures. Pour aller plus vite venez avec moi, par ce moyen vous saurez comment j'enseigne à mes hommes. Par ma méthode, je suis l'ami du militaire comme il est le mien (je fais en sorte d'être son modèle au respect des règlements militaires). Au lieu de faire ponctuellement et rigoureusement l'appel moi-même, je le fais faire de temps en temps par un de mes inférieurs en grade, même à l'occasion par un candidat caporal (dans le cas seulement d'une petite réunion d'hommes), mais avec le plus d'amitié possible, tout en les préparant à la dignité de leur futur grade. Aussitôt je laisse à mes hommes la faculté de prendre la posture qui leur convient le mieux, toutefois qu'elle soit fort attentive et respectueuse. Remarquez bien que tous mes inférieurs en grade écoutent comme les autres, car il ne doit y avoir qu'un chef. J'ai l'air de ne voir personne (et par moi-même) je sais tout ce qui se passe. Le premier que je prends dérogeant à la discipline du silence, je le réprimande, en ne faisant que de lui dire : Un tel, quand vous verrez quelqu'un qui parlera, vous me le direz. Je ne m'occuperai que de théorie dans la première séance, qui sera séparée de la deuxième par une récréation pendant laquelle mes hommes seront entièrement libres, à la condition qu'ils seront tous à leur poste trois minutes après le coup de clairon que j'aurai fait donner à cet effet. Pendant la récréation, je puis même offrir la cigarette à mes inférieurs, jusqu'aux élèves caporaux, s'ils veulent rester avec nous. C'est alors que nous plaisanterons ou que nous raisonnerons science.

La deuxième séance sera occupée avec la répétition de la première, mais d'une manière pratique, dans laquelle chaque homme ayant bien remarqué, s'il lui semble, un progrès à faire, il aura soin de le communiquer à son caporal d'escouade, qui le répètera à son sergent et ainsi de suite jusqu'aux oreilles de l'homme compétent qui doit donner les récompenses, sans que la vanité du premier observateur le pousse à dire prématurément : Ce progrès vient de moi (1).

Le quartier n'étant jamais consigné inutilement, je vois tout le monde sortir avec propreté et res-

(1) Vous comprenez facilement que, si vous aviez l'imprudence d'effacer vos chefs devant votre petite trouvaille, au lieu d'une récompense, je demanderais pour vous une juste punition.

pect, en groupes avec l'assortiment le plus naturel, c'est alors qu'il faut voir les gradés ensemble, toujours par esprit de discipline, mais jamais de fierté ; car dans l'armée tout est disposé pour qu'il en soit ainsi, sous le rapport du luxe, dela paie et de l'instruction, car, dans cette bonne promenade que le soldat se réserve pour ses plaisirs, tout le monde doit choisir un camarade avec lequel il puisse s'amuser sans jamais faire mépris des autres qui sortiront également avec quelqu'un de leur goût. C'est en voyant d'un œil respectueux tout le monde juste, à la place qui convient le mieux à sa bourse comme à son caractère, que vous reconnaîtrez l'union, et l'union fait la force.

Quittons cette théorie pour aller à notre volcan. En traversant une culture des plus variées, nous remarquons d'abord de beaux figuiers fort hauts, et sous ces figuiers d'autres arbres de plus petite taille : tels qu'orangers, citronniers, grenadiers, amandiers, pommiers, poiriers, pruniers et mûriers. Sous ceux-ci, de la vigne plantée en cordon, distante de 3 mètres environ ; entre chaque pied de vigne, nous voyons des légumes de tous genres ; ailleurs ce sont ou des champs de pommes de terre, de melons, de tomates, de tabac et de maïs. Quant aux autres céréales, nous les voyons aussi bien sous les arbres qu'ailleurs. Ce qu'il y a de curieux, c'est de voir les petits cultivateurs battre leurs récoltes de céréales dans un fût défoncé par un bout. Quant aux fermiers, ils préparent une place dans le champ pour battre au fléau, ou en faisant piétiner des chevaux conduisant de grosses meules en pierre qui tournent en décrivant un cercle de huit mètres de diamètre environ.

Enfin ne pensez pas que le feu prend sur vous, parce que vous sentez le soufre ; rassurez-vous, car c'est ce petit cours d'eau qui se trouve à gauche de ce joli palmier que je vous réservais pour le dernier, parce qu'il fit sur mon goût l'effet d'un magnifique bouquet en forme de parasol. Ayant suffisamment joui de l'ombre de notre palmier, du temps que nous avons fait une petite siesta, nous sommes engagés par un paysan qui vint à passer à prendre un bain dans l'eau sulfureuse qui coulait devant nous, en nous faisant remarquer qu'elle pétrifiait d'une manière presque instantanée. Et en effet il nous montra un petit chien en terre qu'il venait de faire pétrifier.

Sortant du bain, nous montons bien haut, et bien haut encore pour arriver au cratère par lequel sort cette eau sulfureuse au moins gros comme un homme. Elle se subdivise en descendant dans diverses directions de la montagne. A son arrivée dans la plaine, les habitants y prennent des bains fort efficaces. Avant de reprendre le chemin de la caserne, donnons un dernier coup d'œil à cet extraordinaire tourbillon d'eau bouillante qui, en sortant de terre, nous fait l'effet d'être soufflée par Orphée aux enfers.

Notre dernière journée de Tivoli étant terminée, nous allons partir pour la garnison de la petite ville de Frossinonne, comprenant que rien n'est plus précieux que le temps de la lecture. Pour ne vous dire que des choses sans intérêt, je préfère tomber de suite sur cette grosse montagne escarpée, sur laquelle est construite cette antique Frossinonne, n'ayant comme curiosité dans ses environs qu'une très haute montagne, toujours de roche, au pied de laquelle nous remarquons une fontaine d'eau sulfureuse et une ferrugineuse, distante seulement de deux mètres, l'une partant à droite et l'autre à gauche.

Je veux seulement vous faire voir cette naïve population qui promène ses défunts publiquement dans la ville, sur des brancards, pour prouver qu'ils sont bien morts, avant de les faire glisser dans la fosse commune, comme c'est la règle dans les Etats pontificaux, même à Rome, au cimetière Saint-Lorenzo.

Le 23 novembre 1868, nous quittions cette primitive population pour retourner à Rome jusqu'au 16 septembre 1869, jour de mon départ pour notre chère patrie. De retour dans Rome, ma première occupation est de visiter les catacombes dont je suis obligé de passer sous silence tant de choses curieuses et instructives, mais que des hommes plus érudits que moi peuvent vous raconter dans leurs livres plus détaillés que le mien.

Le 24 décembre 1868, étant en promenade dans les environs de Rome, nous voyons arriver une troupe d'hommes de Frossinonne et des environs pour renouveler ce qu'ils viennent faire tous les ans à pareille époque. Je viens faire appel à votre curiosité pour nous promener derrière ces hommes, portant le chapeau pointu à larges bords, les sandales attachées par des bandelettes qui s'enroulent autour de la jambe, les culottes courtes, la ceinture rouge, la barbe inculte et le manteau artistement jeté sur l'épaule ; si rapiécés que soient leurs vêtements, quelques-uns de ces musiciens de cornemuse sont magnifiques, surtout quand ilstendent câlinement la main. Ils s'arrêtent devant toutes les images de la Madone et les crucifix exposés dans les niches des maisons. Ils montent dans les escaliers et corridors ornés de ces mêmes signes pieux, et, moyennant quelques baocchi, ils donnent leurs sérénades pendant trente-cinq à quarante jours pour retourner manger la castagne dans leur pays, après s'être fait mendiants dans Rome.

CHAPITRE XIII

Maintenant que je connais la date de mon départ pour notre chère France, je viens vous demander la permission de rester seul, supportant les fatigues de l'étude, avec le guide de Rome en main, divisé en dix jours, mais comme il me reste encore onze mois, je vous les demande pour arriver à ne vous faire que des comparaisons, vu que le temps me manque pour vous les détailler.

Je commence à vous dire qu'après avoir vu :

Le temple des Vestales, comparé au couvent des Carmélites; les ruines du palais des Césars, comparé à celui du Vatican ;

La religion païenne, comparée à la religion chrétienne ;

Néron, vêtu en costume de comédien, monté sur la tour de Mécène pour jouir du coup d'œil de l'incendie de Rome qu'il faisait brûler pour s'amuser;

Comparé à l'apogée du pape Pie IX avec son Immaculée Conception, au sommet de la pyramide sur la place d'Espagne de Rome;

Les idoles païennes, comparées à celles des chrétiens :

Je conclus que l'on n'a fait que de changer les noms.

Je ne trouve de différence qu'entre le Colisée et le théâtre Apollon.

Mes amis, avant de vous dire la différence la plus marquante, je veux retourner en France voir se dérouler bien des choses concernant la politique de Paris à Rome, que notre histoire contemporaine vous dira mieux que moi.

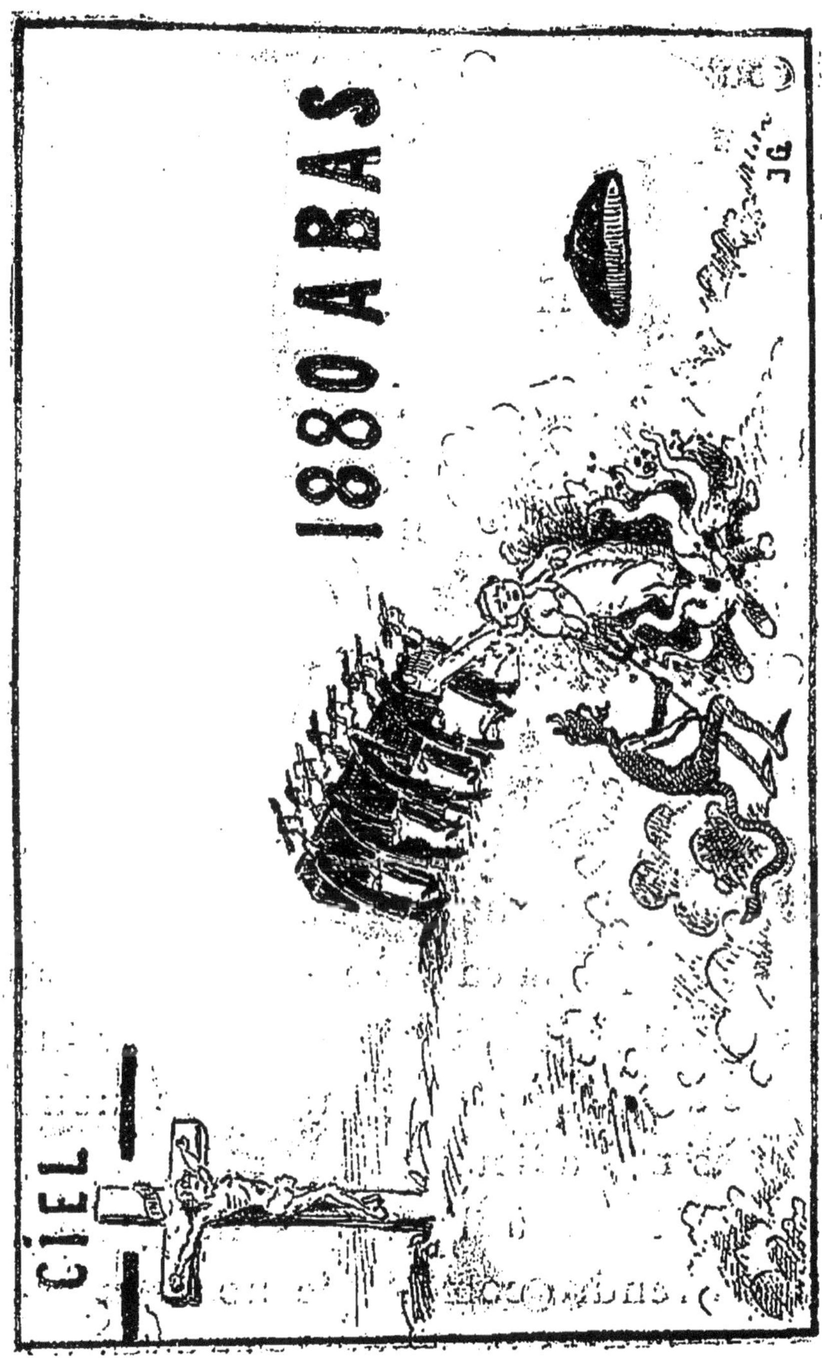
1880 A BAS
CIEL
JG

Après mûres réflexions, je viens vous dire que c'est l'*humble* Christ comparé à la *majesté* des Papes.

CHAPITRE XIV

Mesamis, étantfatigué d'un silong voyage etdans despays d'une nature si impressionnable, surtout après une pareille fatiguepour mon esprit, je viens deprendre quelques jours de repos, avant de vous dire comment nous quittâmes ce charmant pays d'Italie. En effet, le 16 septembre, à quatre heures du matin, nous sortions de la caserne après avoir bu la goutte chez la cantinière pour lui dire au revoir; en même temps, nous fîmes nos adieux à nos camarades, promettant à l'un des nouvelles, pour rendre compte de notre voyage, à l'autre la promesse sacrée de parler à sa bonne amie des bons souvenirs qu'il tenait d'elle, et servant à si bien le guider dans la voie du respect à la discipline. L'un d'eux me dit : Tu auras soin de dire à mon Elisa qu'elle doit mettre beaucoup de prix à tes paroles en considérant que c'est presque moi qui lui parle.

Dès l'instant que depuis trois ans j'abuse de ta patience en ne te parlant uniquement que de nos amours, tu lui diras que, vivant loin de ma patrie et de tout ce qui m'est le plus cher, qu'elle doit vivre pour moi, car je ne vis uniquement que pour elle.

Le jour du départ du régiment est joyeux pour celui qui part, et triste pour celui qui reste, toujours il lui donne l'espoir qu'un jour à venir le fera jouir du même bonheur. C'est pour cela qu'en donnant la dernière poignée de main avant de vous voir traverser la voie, il vous étreint en vous embrassant d'une manière fraternelle. C'est alors qu'il vous dit en courant pour vous serrer la main que vous lui tendez par la portière, tout en sanglotant vous montre la plus grande confiance en disant : Pars et fais comme pour toi. Aussi il se retourne bien vite pour essuyer les larmes qu'il n'a pas eu le courage de vous montrer.

Vous pensez qu'après tant de démonstrations, je dus partir dans une si profonde rêverie, surtout quand je donnais un coup d'œil sur mon sac qui contenait tous les documents qui me servent pour vous écrire aujourd'hui ces renseignements. Je les ai pris sur des photographies de tous genres, représentant des costumes et des monuments. Sans une brillante exclamation poussée par mes camarades, je serais resté taciturne. Ils portaient leur vue sur un considérable troupeau de gros bœufs tout blancs, à longues cornes en forme de tire-bouchon, ne mesurant pas moins de 70 centimètres.

Je profite de ma distraction pour donner un coup d'œil de l'autre côté du train ; quelle ne fut pas ma surprise en voyant, pour la première fois, une belle forêt, dans laquelle je vois des hommes portant des pantalons de peau de chèvre, et tenant en main un outil que je ne puis bien distinguer ; mais tout ce que je puis vous dire, c'est qu'ils coupaient de très belles tranches de plusieurs centimètres d'épaisseur sur le corps de ces jolis arbres de liége qui ressemblent beaucoup à nos petits chênes-verts. Le train dépassant tout cela, je reprends ma rêverie. Je me promets bien d'avoir en face de la bonne amie de mon camarade une verve assez démonstrative, pour lui dire : Supposez un moment que c'est Jules qui vous parle, et qu'un jour je puis devenir votre beau-frère. Mes amis, c'est alors que vous allez comprendre comment nous avons conclu avec le camarade Jules, dont la sœur est devenue ma femme, ces deux mariages qui forment aujourd'hui notre présente famille.

Enfin en arrivant à Civita-Vecchia, petite ville si agréable par son port de mer, je ne lui trouvai pour me charmer de nouveau, que le petit bateau portant le nom du prince Jérôme, que nous allons visiter immédiatement, suivie de la descente du train, afin de bien nous assurer s'il était bien vrai que l'empereur allait nous faire sortir du bénitier pour nous rendre enfin à notre bien-aimée patrie. En ma qualité de chef de détachement, comme le plus ancien de grade parmi les sous-officiers, je présente notre feuille de route au capitaine du bord qui me répond :

— L'appareillage n'étant pas terminé, nous ne partirons que demain à six heures du soir. Ne pouvant vous recevoir pour cette nuit, vous serez obligés d'aller demander un gîte au commandant de place.

C'est pourquoi vous me voyez partir à son bureau demander 222 lits pour mes hommes. Ce devoir rempli, je les réunis en leur indiquant le lieu de leur coucher et l'heure du départ. Vous comprenez que nous avions encore le temps d'écouter les plaintes de nos anciennes connaissances qui nous disaient :

— Il y a du nouveau depuis que vous êtes partis d'ici.

Pour mieux vous faire comprendre l'histoire, nous allons causer avec les deux frères Archieri dont l'un d'eux, nous dit le bedeau, distribue à domicile les billets de confession. Ayant voulu m'affranchir de l'absurde obligation de reporter le mien à mon ignoble confesseur, je fus condamné à deux jours de retraite. Il faut ajouter que le confesseur reste d'une manière presque permanente dans son confessionnal, construit avec une porte à coulisses, par lesquelles passe la baguette de bénédiction.

Se plaçant quatre pas devant ce

confessionnal, on reçoit l'absolution en inclinant vivement la tête.

Le bon confesseur, en attendant le tour d'un autre, prend son crayon pour pointer le nom sur sa liste d'exigence et reçoit le bulletin au bout de sa baguette de soumission.

Remarquez bien que, tout ayant la même religion, le catholique français se réserve le droit de choisir son confesseur, et que le bon clergé de Civita-Vecchia, au contraire, vient nous l'imposer. Quant à mon frère il eut quatre jours de retraite pour avoir passer en courant devant une mission qu'un religieux faisait dans la rue, monté sur des planches posées sur des tonneaux, il prêchait publiquement, ayant à ses côtés le bedeau portant la croix de la mission. Quand il avait fini dans un quartier il partait dans un autre, précédé de sa croix et suivi de tout son monde, formant une procession et chantant des cantiques. Arrivé dans ce nouveau quartier, il choisissait la porte du cabaret, dans lequel il y avait le plus de monde, et ordonnait au maître de l'établissement de faire sortir tous ses consommateurs. Ceux-ci doivent grossir le nombre de l'auditoire. Après avoir aider le cabaretier à sortir ses planches et ses fûts vides, le missionnaire monte sur l'estrade, recommence sa séance, il continue ainsi jusqu'au soir.

Nous, catholiques français, nous n'étions pas obligés de suivre cette mission, nous demandons à l'autre frère que cet effronté missionnaire fit arrêter dans sa course rapide. Le prédicateur prend son carnet pour lui laisser reprendre sa course, et écrit son nom. Ce pauvre homme, dans le plus fort de sa colère, ne sut nous répondre, mais son frère prit la parole pour lui; il nous apprit qu'il courait chercher le médecin pour sa femme en couche, mais vous verrez qu'il ne sera pas manqué de ses quatre jours pour n'avoir pas salué l'orgueil du missionnaire. Aussitôt le baptême de l'enfant, ce bon ecclésiastique dira en souriant dans sa barbe qu'il porte à sa fantaisie : Par ce baptême, je prends le père de suite et l'enfant pour plus tard.

Pourtant les apôtres prêchant l'évangile étaient moins exigeants que lui quand ils disaient à leurs prosélytes :

— Retournez chez vos maîtres, étant 10000 contre un, vous briserez vos fers de l'esclavage et par ce moyen les premiers seront les derniers, et les derniers seront les premiers (1).

Cette mission étant terminée, il faut vous dire tout ce que nous remarquons encore pendant le jour. Certains pénitents circulent dans les rues habillés dans le genre d'un domino portant le masque, et allant nu-pieds ; ils marchent silencieusement en présentant à tout le monde le tronc qu'ils secouent, pour exciter la main à la poche par le son de la monnaie. A voir les pieds délicats de ces pénitents, nous avons toujours supposé que c'étaient quelques nobles que le bon confesseur chargeait de faire ce service pour lui, du temps qu'il irait porter le saint viatique au domicile des personnes malades qui n'ont pu le recevoir à

(1) Eugène Sue.

l'église. Si vous êtes curieux de savoir chez qui, vous n'avez qu'à suivre cet ecclésiastique, marchant sous le dais de l'église paroissiale, suivi d'une grande quantité de monde formant une nombreuse procession de gens qui vont dire adieu au moribond en portant des cierges allumés ; ils restent devant la porte en chantant des louanges à Dieu et à la Vierge, pour que ce moribond ait une bonne place dans le paradis. Voici l'heure arrivée pour aller nous promener devant le poste de la place d'Armes, qui a la consigne de sortir pour porter les armes au délégat; cet homme est un fonctionnaire civil, habillé avec une culotte courte, des bas violets, la redingote même, le chapeau de curé. Vous vous souvenez que nous avions pour la plupart des cafards d'officiers. Mais, ce jour-là, le sous-lieutenant Montchanin (1) ne l'était pas. Au moment où nous arrivions, les hommes étaient sortis, même alignés, prêts à porter les armes. C'est alors que M. Montchanin fit rentrer ses hommes sans rendre les honneurs à cet orgueilleux délégat. Celui-ci ne manqua pas d'en faire son rapport au commandant de place, qui profita du maximum de son pouvoir pour infliger l'arrêt au sous-lieutenant Montchanin, qui réclama de suite en se justifiant le règlement militaire français en main. En effet, celui-c n'indique pas dans son service de place de rendre les honneurs aux délégats. Avant de quitter cet en-

(1) Montchanin avait quitté son régiment comme moi en faisant la remise de ses galons de caporal et progressivement par sa capacité il est arrivé à l'épaulette.

droit nous allons rester près de la porte du bagne voir si je verrais au nombre des forçats rentrant des travaux d'un couvent en construction et tous attachés par une petite chaîne qui se trouve rivée avec une très grosse. Mais ne voyant pas dans ce chapelet d'hommes, escortés par les gardes-chiourmes, l'assassin pour lequel je fus signalé à l'ordre de la division militaire, je suis obligé de m'en intéresser à ce bon Archieri. C'est alors qu'il me dit :

— Si vous aviez fait la capture d'un homme pauvre, vous auriez pu le voir parce qu'il n'est pas mort, mais avec l'argent qu'il a pu donner à notre bonne justice, la liberté lui fut rendue.

Voyez-vous, messieurs, nous dit-il, nous avons l'avantage d'être absous de nos crimes à force d'argent.

Avant de quitter le port pour aller en ville voir comment les choses se passent, le soir, il nous faut rendre un coup d'œil à notre bateau qui nous donnera le courage d'observer le reste de tant de fanatisme.

Voyez ce capucin accompagné de ce pénitent qui viennent s'agenouiller devant cet autel au coin de la grande rue de Civita.

De beaux vases toujours entretenus de fleurs (1), une lampe qui éclaire nuit et jour la grande Madone, ornent cet autel devant lequel per-

(1) Ces fleurs sont demandées par le confesseur qui impose ce genre d'aumône pour faire rentrer le pénitent dans les bonnes grâces de la Vierge. Je vous donne à juger le secret de la confession romaine, quand nous avions l'occasion de voir, au pied d'un pareil autel, une très jolie demoiselle apportant le prix de son repentir. Nous, grossiers soldats, nous avions toujours envie de lui demander pour être son confesseur, pour laquelle en notre qualité d'étrangers nous aurions eu plus de respect pour ses défauts.

sonne ne peut passer sans faire le salut et la génuflexion. Pourtant, il faut en excepter l'homme du clergé qui passe à pied sans saluer. Voyez cette voiture luxueuse, conduite par deux beaux chevaux noirs, le cocher sur le siége, avec son grand fouet et les deux laquais debout sur la planchette derrière la voiture, se tenant à une barre de fer traversant cette voiture, à la hauteur de leurs épaules, portant tous trois la livrée du cardinalat.

C'est en effet un cardinal, conduit en grande pompe ; les valets ainsi que le maître passent devant la Madone sans saluer cette bonne divine mère du Christ. Vous allez me dire : Oh! que vous êtes méchant de dire cela, car il faut remarquer que les domestiques sont occupés à leur service et que leur maître dans sa voiture fermée a bien pu saluer sans être vu de personne.

Je voulais cependant m'arrêter là; mais, puisque c'est la première fois que vous doutez de mes paroles, je veux vous dire quelque chose de plus fort, pour prouver la vérité des récits faits par l'ex-soldat franco-papal.

J'ai vu peut-être cent fois défiler vingt-cinq à trente voitures de ce genre derrière celle du pape, qui lui-même n'avait pas seulement regardé la Madone, vous voyez bien que c'est plus fort et que c'est par respect pour la religion du Christ, que je conservais de pareilles réflexions pour moi; mais, vu que vous avez douté des confidences que j'ai bien voulu vous faire, et que vous n'étiez pas à Rome avec moi pour remarquer ce que je vais vous dire.

Je vous demande le plaisir de m'écouter attentivement sur ma dernière comparaison de Rome que je vous ai montrée par un rébus :

Dieu s'étant fait homme se contentait d'une pierre pour reposer sa divine tête. Dans sa doctrine religieuse, il ne rougit pas de dire que saint Joseph est son père dès l'instant qu'il est le mari de sa mère. C'est pourquoi vous voyez le Christ sur la croix venir se montrer à son représentant Pie IX, en lui disant :

— Tu me vois encore tel que je suis mort pour ma religion, et toi, puisque tu es sur la terre pour la perdre en donnant le mauvais exemple de ne pas seulement saluer ma divine mère, tu ne mérites que l'enfer. Pars !

Vous comprenez que je ne fais que supposer voir le Christ descendre du ciel pour dire encore au pape :

— Tu mérites bien mon châtiment :

Quand tu as fais de ma doctrine fraternelle la religion la plus sanguinaire et la moins respectueuse ;

Quand tu oses placer au sommet de la pyramide sur la place d'Espagne, comme symbole de l'Immaculée Conception, la fidèle épouse de saint Joseph, mon véritable père, tu le fais estimer comme un nigaud, et par le fait que tu nommes ma divine mère immaculée, les vrais philosophes qui sont tous de ma religion, s'ils voulaient t'écouter, considéreraient ma mère comme étant enceinte avant le mariage, et par ce fait je ne serais qu'un enfant naturel.

Aussi pour un pareil outrage à ma majesté, tu as bien mérité comme tous les tiens qui partiront bientôt brûler dans les enfers.

C'est pourquoi vous remarquez partout dans mon ouvrage des sentiments qui me viennent de la vraie religion du Christ, mort pour nous délivrer de l'esclavage et pour continuer à rester libres il nous suffit de suivre son exemple :

En travaillant comme lui à l'établir.

Réunissons-nous ; Instruisons-nous comme lui.

Aimons-nous les uns les autres ; faisons à notre semblable ce que nous désirons qu'il nous fît comme lui.

Ne réspectons pas les maximes du

prince des prêtres, et faisons-nous de tout cela une religion pour laquelle il nous faudra plutôt mourir comme lui.

En considérant que le Christ a besoin d'un fidèle représentant sur la terre, il aura dit à Garibaldi : en récompense que tu as suivi mon exemple en combattant la tyrannie des prêtres pour rendre la liberté au peuple que j'aime tant, je te donne Rome, qui continuera d'être ville éternelle, mais pour la liberté.

Si vous me voyez prendre le Christ comme point d'appui, c'est parce que le pape vient se dire le fidèle représentant de sa doctrine, avec laquelle il cherche à nous confondre de la manière la plus absurde.

Je pense que ce pape est l'Antechrist pour venir brouiller ainsi la doctrine de Jésus, comme vous allez le comprendre dans la conclusion du sublime volume : *Le bon sens du curé Meslier*.

Je crois, mes chers amis, vous avoir donné un préservatif suffisant contre tant de folies. Votre raison fera encore plus que mes discours ; et plût à Dieu que nous n'eussions à nous plaindre que d'être trompés ! mais le sang humain coule depuis le temps de Constantin, pour l'établissement de ces horribles impostures. L'Eglise romaine, la grecque, la protestante, tant de disputes vaines, et tant d'ambitieux hypocrites ont ravagé l'Europe, l'Afrique et l'Asie. Joignez, mes amis, aux hommes que ces querelles ont fait égorger, ces multitudes de moines et de nonnes devenues stériles par leur état, voyez combien de créatures sont perdues, et vous verrez que la religion chrétienne a fait périr la moitié du genre humain. Je finirais par supplier Dieu, si outragé par cette secte de daigner nous rappeler à la religion naturelle, dont le christianisme est l'ennemi déclaré ; cette religion sainte que Dieu a mise dans le cœur de tous les hommes, qui nous apprend à ne rien faire à autrui que ce que nous voudrions être fait à nous-mêmes.

Alors l'univers serait composé de bons citoyens, de pères justes, d'enfants soumis, d'amis tendres. Dieu nous a donné cette religion en nous donnant la raison. Puisse le fanatisme ne la plus pervertir ! Je vais mourir plus rempli de désir que d'espérance. (Il nous faut suivre les conseils de ce bon prêtre citoyen.)

CHAPITRE XV.

Puisque nous nous sommes occupés de suivre la voiture du cardinal revenons maintenant à ce que venaient faire ce capucin et ce pénitent agenouillés au pied de notre autel de la Madone. Pour aller plus rapidement regardez tout le monde, les entourant et chantant des louanges à la Vierge, suivies de temps en temps des

Viva Maria et Maria Viva.
Viva Maria — Maria Viva

Cette prière étant terminée tout le monde part ensemble en chantant pour aller dans une autre rue se prosterner devant une autre Madone et ainsi de suite jusqu'à la dernière.

Remarquez bien que, sur le passage de cette procession, tout le monde ouvre la fenêtre et y place pour le moins une chandelle en forme d'illumination, aussi bien au premier étage qu'au rez-de-chaussée. Ce qu'il y a de curieux, c'est le pénitent qui fait sa ronde en faisant sauter son tronc portatif sous le nez de tout le monde, disant : « Pour les âmes du purgatoire ! » Il vous bénit, pour le sou que vous lui donnez ; quand demain vous ne lui donnerez rien, par le même pouvoir, il vous montrera le doigt en disant : « Sois maudit ! »

Mes amis, sachant que je ne serai plus ici demain pour vous dire comment se pratique la religion dans les Etats pontificaux et pour ne plus vous voir douter de mes récits, vu que je vais vous dire encore quelque chose d'étonnant, je vous engage de bien me suivre attentivement; je commence par vous montrer les 48 magnifiques chevaux noirs du pape. Quand vous aurez vu comme moi cette riche écurie soignée par un personnel de 48 palefreniers pour le service général des chevaux de ce pauvre Pie IX, vous serez aussi étonnés que tous ceux qui ont vu, quand les dévots français viennent nous dire que le pape est prisonnier et couché maintenant sur la paille.

Il n'a donc plus de ces aumônes millionnaires comme toutes celles que les soldats français ont pu voir exposées dans la cour d'honneur du Vatican et envoyées par une partie des puissances catholiques en 1868 pour le denier de Saint-Pierre ? Du reste, si vous doutez un moment, je vais vous envoyer en chercher la preuve près de cette pauvre femme qui venait traversant la haie de soldats en faction et gardant ce trésor pour déposer un petit sac de farine de maïs en privant ses enfants bien sûr, allez, d'une partie de leur chétive nourriture. Où le déposait-elle? Hé bien! à côté d'un lingot d'or.

Vous allez me dire, vous, dévots, que vous croyez bien ce que je vous dis, mais que vous me ferez remarquer que ce trésor était offert au denier de Saint-Pierre, et qu'il ne pouvait enrichir le pape. Oh! alors dans ce cas, je retire tous mes bavardages en disant comme vous, que cette pauvre femme aurait mieux fait de donner au pape Pie IX une botte de paille pour se coucher. Si pourtant un jour le pauvre Pie IX n'avait voulu voir si ses chevaux étaient mieux couchés que lui, il serait mort de misère, voyez-vous, si son intendant ne lui avait dit :

— Mais, Sainteté Pie IX, je ne vous comprends pas de rester dans une pareille misère, tandis que vous avez les plus belles propriétés que l'on puisse voir dans vos anciens Etats. A votre place, je prendrais tout mon monde, mes chevaux et mes voitures de luxe pour aller à la campagne, comme nous faisions tous les ans, tantôt dans un palais et tantôt dans un autre. Je partirais avec l'éclat de toutes mes richesses, en passant même devant la porte de mes plus grands ennemis, sans qu'ils puissent me dire un mot, car les fervents dévots savent bien que le sou qu'ils donnaient au denier de Saint-Pierre est resté à l'église et que votre éblouissante fortune vous est acquise de droit d'héritage, car jamais Pape ne fut pauvre.

Voyez-vous, mes amis, s'il n'avait si bien compris son intendant, je connais un fermier français qui serait bien allé lui-même porter une grosse botte de paille au pauvre Pie IX, et par la même occasion il aurait pu juger du bienfait de son aumône en visitant le palais des gardes nobles qui se trouve sur la place du Quirinal, mais dans un autre palais, destiné seulement pour loger les chevaux des hommes de la noblesse romaine qui se mettent au service du pape pour former sa garde d'honneur. Le poste de garde de ces messieurs se trouve dans un autre grand palais appartenant encore à ce pauvre homme qui couche sur la paille et toujours sur la même place. Ce somptueux palais n'est occupé que dans les grandes circonstances comme en 1870, pour loger les prélats qui viennent de toutes parts de l'univers catholique pour siéger au grand concile œcuménique. Vous comprenez que ce fermier aurait été content de pouvoir imiter les esclaves de la religion catholique romaine qui baisent les uns après les autres. Ils préparent de loin leur mouchoir de poche pour essuyer la place qu'un frère coreligionnaire vient de baiser, cette place que je crois devoir vous faire remarquer est juste au coin de cette demeure des prélats étrangers, presque contre la porte : il y a une croix de bois dans laquelle sont incrustées les reliques d'un grand saint, recouvertes d'un petit carré en verre double permettant de distinguer parfaitement un petit os. Cet os est-il humain? je n'en sais rien. Est-il respectueux ? je n'en sais encore rien, mais tout ce que je puis vous dire, c'est qu'il l'est plus que tous les prélats étrangers, aussi indifférents que leurs confrères romains qui passent devant cette vénérable croix, sans y faire attention, quand tout le monde baise les fanatiques reliques et que le mendiant qui les attend à la porte de leur demeure princière ne reçoit pour aumône que leur profond dédain.

Tu comprends, ma bonne mère, pourquoi tu fis bien de m'éduquer avec le principe de charité, qui nous commande de faire à autrui ce que nous désirons qu'il nous fît, tu as bien fait de m'écrire que tu n'allais plus à confesse ni à la messe que très rarement, mais qu'un reste de respect humain te retenait encore trop pour t'affranchir de cela vis-à-vis du monde de ta paroisse qui ne lit que des livres fanatiques, et avec lequel tu es obligée de vivre ; tu te trouves, dis-tu, bien plus libre, et plus tranquille depuis que tu as dit au curé de notre village :

— Ne me parlez plus de votre Rome corrompue ni de votre pape qui fait tuer nos enfants, quand vous m'aviez assez fanatisée pour me pousser à encourager mon fils à prendre du service dans les rangs de votre sangsue romaine, qui se nourrit du sang de mon pauvre enfant pour lequel j'ai eu tant de soins.

Tu comprends, ma bonne mère, que, sans ta lettre, j'aurais fait ma petite bourse pour t'acheter au bazar du Vatican un chapelet que le saint-père bénit afin d'encourager la vente (1).

Mais voyant ce mendiant repoussé de la porte du palais des prélats venir me tendre la main, je lui donne ma paie militaire de la journée pour l'aider à vivre, en me privant de mon cigare d'un sou pour ce jour-là.

Quant à toi, ma bonne sœur, espérant que tu ne feras que d'étudier Rome sur mon livre, sans jamais te piquer de la curiosité d'aller voir tant de corruption, sur-

(1) Ce bazar n'est pas précisément dans le salon du pape, mais dans le vestibule y conduisant. Je suis allé une fois, à 4 heures du soir, m'agenouiller sur les dalles en marbre blanc et formant le passage du saint Pie IX, qui partait faire sa promenade quotidienne. Par curiosité, je suis à genoux à la file des marchands de chapelets, de médailles et d'autres objets, que le Saint Père bénissait en ne faisant que de présenter sa divine main aux grandes corbeilles pleines de toute sorte, que les fanatiques acheteurs venaient s'assurer de la bénédiction papale, pour acheter immédiatement le chapelet avec sa médaille, à n'importe quel prix.

tout quand tu sauras que les grandes dames romaines prêtent leurs plus beaux équipages pour aller se promener en voiture découverte avec un ecclésiastique. Elles traversent la ville pour aller quelquefois jusque dans cette belle campagne romaine chercher leurs plaisirs, ne prenant pour témoin de leurs amusements qu'un enfant que la femme peut rapporter dans le palais conjugal, pour être élevé religieusement par ce bon précepteur du palais qui a bien soin de communiquer avec toute la famille, y compris la mère pour ne pas laisser dégénérer l'enseignement de la foi naturelle ecclésiastique. Si par malheur tu voulais imiter ce genre de femmes pieuses qui ne craignent pas de se promener amicalement avec un curé; pourtant elles peuvent en devenir amoureuses sans aucun danger pour elles, car je suppose encore qu'elles sont mariées puisqu'elles possèdent des équipages. Mais toi, ma pauvre sœur, tu perdrais ton honneur en te promenant publiquement avec un homme respectable, je l'espère, mais qui a fait vœu de chasteté.

Pour l'épouser, il te faudrait partir dans un pays bien loin de nous où l'on ne professe ni sa religion (1) ni tes amusements français.

Se nommerait-il comme ce grand prédicateur que j'ai entendu pendant huit jours de suite dans l'église Saint-Louis des Français, à Rome, plaider contre nos consciences en faveur de l'Immaculée Conception que l'incapable Pie IX n'avait encore pu faire gober; encore une fois il te

(1) Il pourrait essayer à en faire une autre, comprenez.

faudrait quand même partir bien loin pour te marier avec lui dans une autre partie du monde.

Puisque je suis revenu faire une petite promenade à Rome, il me faut parcourir la ville au galop, voir dans tous les coins ce que j'ai pu oublier. Pourtant je m'aperçois que mon livre étant clos, j'aurai laissé encore beaucoup d'ouvrage pour d'autres écrivains qui pourront allonger à volonté.

Je vous dis succinctement : voyez donc passer ces grandes voitures dorées, promenant les sénateurs romains, qui viennent ouvrir le carnaval de Rome, une brochure écrite spécialement pour lui, vous le décrira beaucoup mieux que moi.

Courons vite voir les ruines de l'ancien Palais des Césars, transformé en habitation moderne et habitée par une cousine de Napoléon III. C'est à elle qu'il fit cadeau d'un ancien et brave soldat français portant notre croix de la Légion d'honneur sur son joli costume de majordome. Je vous entends chuchoter en disant que je plaisante, car une dame de la famille Bonaparte, comme ils disent, bienfaitrice du peuple, ne peut pas demeurer seule. Pourtant, si je suppose que dans une conversation avec sa cousine Napoléon put lui dire à peu près ces termes :

— *Je suis le César de Paris.*

Or, j'ai à me plaindre du cousin cardinal Bonaparte qui demeure sur cette grande place Farnaise de Rome. Par l'éclat de sa maison, il nous fait un tort considérable.

Quand tous mes soldats romains remarquent tant de luxe, ils pensent longtemps encore avant de revenir en France, et quand ils sont rentrés ils racontent une masse de bavardages. Je n'ai pas besoin de communiquer bien au juste mes goûts à ces militaires, que j'ai toujours fait abrutir pour qu'ils ne comprennent rien à ma politique. Mais à leur retour, les gens plus avancés qui les écoutent disent : Il n'est plus étonnant qu'il nous faille payer tant d'impôts; c'est parce que tout notre argent part pour Rome. Mais j'ai envie de faire encore une bonne partie avant de mourir. Ce gros cardinal Bonaparte est trop distrait pour bien jouer ma politique. Si tu voulais me promettre de le remplacer, je suis certain que tu réussirais mieux que ce gros viveur; pour bien réussir, il faut que tu représentes la Minerve à Rome, en demeurant seule sur les ruines des grands Césars conquérants du monde. Tu ne crains pas ainsi de voir une autre femme prendre ta place. Tu seras donc la Césarine romaine, il ne te manquera plus qu'un César pour être impératrice. Mais sois tranquille, dans ma dernière partie, je serai assez fin tricheur pour te faire un empereur. En attendant, il faut nous mettre à l'ouvrage. Tu passeras de temps en temps chez le cousin cardinal, sans prendre aucune part à ses soirées princières. Au contraire, tu devras aller dans les églises, surtout au Vatican; tu verras la grande statue en bronze, ce représentant du Christ, assis sur son trône, tenant les clefs du paradis de la main gauche et donnant sa sainte bénédiction à des millions de curieux qui sont venus baiser la mule de son pied droit, qui s'avance sur le trône; il est curieux de voir ce pied de bronze usé par la salive la plus dévote, et le frottement de tant de mouchoirs qui le rend d'un brillant mate.

Quant à toi, chère cousine, tu ne feras que le simulacre, tu sais bien que, nous autres puissants, nous avons le droit de mentir, surtout avec l'ignorance que nous laissons au peuple, car plus nous le faisons petit, plus il nous voit grand. Ce que je dis en ce moment n'est pas nouveau, il y a longtemps que tout cela est la seule conversation familière des monarques et des papes. Si nous ne pouvions régner par l'ignorance, le pied de la statue de saint Pierre ne serait pas usé; le peuple dirait : Vous êtes des faux puisque vous nous faites faire des livres qui nous montrent saint Pierre pauvre comme son maître et ses confrères, et non sur un trône, comme un simple mortel qui doit gagner le paradis par ses bonnes vertus. Pour baiser un pied, je voudrais que ce fût celui de Jésus, au moins nous serions gouvernés sur terre par Dieu lui-même et non par des hommes qui cultivent les beaux-arts à leur fantaisie, ainsi que notre ignorance ; avec elle, ils peuvent jouer leur rôle tant qu'ils ne verront pas rouiller le pied de la statue de saint Pierre dans l'église du Vatican, ne crois pas que je t'envoie au Vatican pour t'ennuyer. Oh ! non, car quand tu aurasentendu chanter la messe papale par des eunuques, chose qu'aucun directeur d'opérane ferajamais pour amuser son public, même dans les pays les plus barbares, tu penseras, si tu veux, que le pape n'est pas le fidèle représentant de Dieu sur la terre ; je serai d'accord avec toi, puisque Jésus envoie même ses apôtres prêcher son évangile, en disant : Mangez ce que vous trouverez ; quand nous n'avons pas le droit de manger notre lard, seule ressource du paysan, sans payer. Avec cet argent le curé de notre paroisse comme homme de Dieu sera libre de manger de la viande sans être surpris de personne, car chez lui tout est prévu, il faut sonner pour entrer.

Soupire si tu veux, ma cousine, en disant : Mais puisque Dieu nous créa à son image et à sa ressemblance avec le droit et la capacité de croître et de multiplier, c'est au moins pour ce motif que le fils de Dieu a tant puni le pape.

Dis même : C'est de sa faute, il n'avait qu'à laisser à l'homme, la capacité de régénérer cette image humaine en pensant, si tu veux, que s'il avait eu le droit d'en faire autant sur tous les hommes qu'il aurait fini par détruire le genre humain.

De mon côté, voici comment je pourrais tricher mon peuple, au risque de le mettre en faillite, qu'importe? toutefois que mon empereur te fasse impératrice, puisque je suis accusé d'envoyer le produit du travail français à Rome, je veux continuer de manière à bien faire entretenir le luxe clérical éblouissant mes bavards de soldats tout en les faisant pressurer le plus possible pour qu'ils désirent la paix. Aussitôt je profiterai de ma machine à louis d'or, non moins éblouissante.

C'est alors qu'avec tant de visions confuses, je saurai profiter d'un beau soleil d'espérance, pour décorer les murs d'une affiche sur laquelle il sera dit : Votez non, c'est la guerre et votez, oui, c'est la paix. Cette couleur d'espérance rend la rétine malade et tu comprends que je puis commander à mon peuple ébloui de venir voter : OUI!

CHAPITRE XVI.

Mes amis, par le malheur de mon éblouissement, je suis obligé de vous écrire encore un chapitre pour ne vous dire que des choses tout à fait particulières pour mon ouvrage ; sans anticiper d'un seul mot sur notre histoire de France, qu'il vous faudra absolument lire, comme tant d'autres livres, pour être bien au courant du mien dans lequel vous avez tous les conseils voulus pour faire comme moi, qui vous écris cet abrégé de toute sorte, après avoir été très peu de temps à l'école de mon village pour douze sous, et une bûche par mois, seulement pour apprendre un peu à lire et faire quelques chiffres ; mais je ne savais pas écrire et pourtant j'étais ambitieux, c'est pourquoi vous me voyez venir demeurer à Reims avec mes parents, chez qui j'étais entièrement libre de faire ma petite bourse pour m'instruire. Tout en travaillant, je trouvais encore du temps pour aller chez mon maître prendre deux heures de leçons tous les soirs et les dimanches de 8 à 12 heures, c'est pourquoi vous me voyez arriver sitôt employé de commerce dans les articles de Reims, et contraint à mon arrivée au régiment de me faire porter candidat caporal, pour me voir décerner les galons 191 jours après, et sous-officier aussitôt le temps de service voulu, pour ne jamais monter plus haut, vu que je n'avais pas de goût pour la carrière militaire. Ne pensez pas que je restais oisif pour cela, oh ! non : car si je n'avais pas d'ambition pour les grades, j'en avais passionnément pour m'instruire ; je puis vous dire qu'après avoir rendu tant de petits services au régiment en remplissant diverses fonctions, tantôt comme fourrier, tantôt comme sergent-major, ces divers devoirs remplis, vous pensez que je jouissais de l'estime de mes supérieurs et que, par ce moyen, il me restait encore bien plus de temps pour continuer mon incessante étude, qui dure encore aujourd'hui ; c'est pourquoi, mes chers neveux, je ne voudrais vous voir envier dans l'héritage de votre vieil oncle rien que sa petite bibliothèque, composée des meilleurs auteurs, qui nous élèvent dans le vrai droit de la nature comme l'éducation de la jeunesse par le grand J-J. Rousseau. Quand par hasard je rencontre un bouquin de saint Ignace de Loyola, je le flanque immédiatement dans un feu ardent, car j'ai remarqué que ces livres brûlent difficilement rapport au sel de l'eau bénite. Mes petits amis, ce que j'en fais, c'est pour qu'il ne vous tombe pas sous la main, car il pourrait vous abrutir comme je l'étais par lui pendant ma jeunesse. Je vous entends me demander comment j'ai pu disposer de tant d'argent pour garnir cette bonne bibliothèque que vous avez sous les yeux, quand je ne suis qu'un ouvrier comme vous. Puisque vous êtes curieux de le savoir, je vais vous le dire. Déjà à l'âge de 15 ans je gagnais ma vie, au lieu de me lancer dans les excès de plaisirs qui vous tentent à cet âge, surtout dans les villes, j'étudiais.

Je sentais pourtant, que je devais en prendre un peu mais comme tout ne dépend que du choix, je voulais des plus honnêtes qui vous laissent avec votre dignité toujours, une grande économie.

Tenez, nous allons faire une comparaison : Adolphe dépense deux francs par semaine pour ses menus plaisirs ; dans un cabaret, même le plus respectable, il empoisonne sa vie par le manque d'air, la fumée de tabac et le tripot du maître de l'établissement ; sorti de là, il ne trouve plus de société puisqu'il n'a plus le sou ; si cependant, alléché par le plaisir, il a envie de le goûter entièrement, pour passer le temps qui lui reste après son travail, je vous demande que fera-t-il ?

Réponse : Rien de bien.

Sera-t-il heureux? Non.

Où finira-t-il ? Exilé ou au balai?

Il pourra avoir des enfants, mais de la famille, non.

Quant à moi, depuis l'âge de 15 ans jusqu'aujourd'hui 37, moins 7 ans de service militaire, il me reste donc 15 années à 52 semaines. 780 semaines, à un franc, 780 francs, avec lesquels j'ai pu monter ma bibliothèque, dans laquelle je trouve toujours l'ami de mon choix, de qui je tire mon instruction, mais jamais de disputes. Car, remarquez bien qu'une bonne bibliothèque est la société la plus instructive, se prêtant volontiers à tous nos caprices comme à tous nos besoins.

Si vous êtes d'humeur joviale, vous pouvez rire avec l'auteur de votre esprit.

Mais d'humeur contraire, il vous faut prendre un livre de fond avec lequel vous arriverez certainement à jouir de la vie la plus agréable qui se rend infaillible dans l'amour de l'étude.

Vous avez même le soin, pour bien connaître votre bibliothèque presque par cœur, de bien pointer au crayon la marge de votre livre juste à la place qui vous frappe le plus, vous aurez soin d'écrire le numéro de la page sur une table particulière à vous, que vous aurez établie à la suite de celle du livre.

Vous aurez encore le soin de vous faire un catalogue bibliothécaire de toutes vos tables particulières, c'est alors que vous pourrez causer comme moi avec tous vos meilleurs amis, selon vos goûts et vos caprices.

Vous allez me dire : Mais comment vous amusez-vous avec les économies que vous faites sur Adolphe? Rien n'est plus simple; pour vivre autrement qu'un ermite, car il est bien évident que l'homme sociable a besoin de quelques petites récréations, je m'arrange en sorte, quoique pauvre, de me faire estimer par la bonne société et par conséquent admis à prendre mes plaisirs avec elle, il est vrai que j'en jouis moins de temps qu'elle, par la seule raison que je puis me trouver avec des gens plus fortunés que moi, mais pourtant aussi fier. Attendu que je ne veux pas seulement boire un verre d'eau sur le compte de qui que ce soit. Voyez-vous, mes petits amis, quand je suis en pareille société, il semblerait que j'aie de l'argent plein mes poches pour dépenser avec elle.

Mais, comme je calcule toujours sur ma petite bourse le temps que je dois rester, comptant sur ma petite instruction pour me souffler à l'oreille une bonne excuse suffisamment respectable pour me retirer honnêtement, et partir lire mon livre dans un lieu solitaire, à l'ombre d'un vieux chêne qui saura me faire goûter les délices de la nature, voilà, mes amis, les bienfaits de l'étude qui vous donne l'instruction pour finir officier, quand Adolphe ne finit qu'au balai.

Vous devez comprendre, mes petits protégés, que le bon livre est la seule ressource pour la prospérité humaine, car sans lui, nous pouvons devenir moins que des choses, mais avec lui, il nous est facile de grandir jusqu'à l'apogée du bien-être.

Remarquez bien, mes petits amis, qu'un grand savant naît pauvre d'instruction, comme une chose, et que par son étude dans la mesure de ses facultés, il marche continuellement, avec justesse, dans la voie du progrès qui tranche à son tour les plaintes du genre humain.

Je comprends tellement le progrès, que je regarde une pièce de cent sous comme un caillou.

C'est pourquoi vous me voyez faire de mes livres mon plus grand trésor avec lequel je suis certain d'être heureux.

Quoi qu'il m'arrive, après avoir lu les ouvrages de nos hommes les plus généreux, je suis assuré de vivre avec modération et de mourir avec résignation.

Vous comprenez maintenant pourquoi je m'autorise à vous communiquer mon genre de propagande afin de voir tout le monde s'instruire. Quand j'ai la chance de rencontrer un bon livre, je m'empresse de le montrer à tout le monde en lisant quelques petits passages que j'ai toujours eu soin de choisir, sous le rapport politique pour le goût de mon auditoire.

C'est alors que chacun me demande si je veux le prêter.

Mais je ne veux pas, attendu que c'est mon trésor et comme il nous est nécessaire de vivre en société, je ne reconnais qu'au livre le droit de nous unir. Aussi je leur dis : Vous devez me savoir gré de seulement vous dire le moyen de vous le procurer sans jamais vous le prêter, car si vous êtes vraiment fiers de votre liberté, vous devez avoir chez vous, et toujours sous la main, les leçons de ces grands défenseurs qui nous indiquent les moyens pour la conserver.

Je continue en vous disant que je suis rentré sous le toit paternel, après avoir fait une traversée un peu houleuse, mais sans accident. Mon voyage par terre fut également bon. Je reprends mon travail jusqu'au jour qu'un gendarme apportait à mon beau-père la réponse de son vote avec le bulletin : Votez oui, c'est la paix. Quelle fut sa surprise en lisant mon ordre de rappel sous le drapeau de mon 5e de ligne avec lequel il me fallait partir en guerre. Vous comprenez bien que je n'en étais pas moins surpris. Surtout quand mes souvenirs se reportaient à Rome, ils me rappelaient le sacrifice de ma personne pour l'armée du pape et l'abandon de nos lois militaires françaises. Même en écrivant, je ne puis encore me consoler de la pauvre ignorance de ma jeunesse produite par l'effet de la lecture d'une partie de la bibliothèque du curé de ma paroisse. En effet ma main tremble encore de colère quand je me représente cette perfide machination politique qui faisait du même homme tantôt un soldat du pape, et tantôt un soldat français.

Nous comprenons maintenant que, durant tout son règne, ayant confondu la bourse et l'armée française avec celle d'une nation étrangère, sans aucune délibération nationale, l'Empereur voulait donner jusqu'au bout la préférence à la personne du pape.

Vous devez vous souvenir que dans nos cantiques, il faut sauver Rome d'abord, mais la France gouvernée par un despote ne sera sauvée qu'après le bénitier, notre généreux empereur Napoléon III ne pouvait mieux faire d'aller avec son inséparable Pie IX s'il ne pouvait le faire triompher à Sedan avec son infaillibilité.

Pour vous donner la preuve que je ne vous dis que la vérité et rien que la vérité, vous pouvez lire mon livre à mes inséparables camarades ci-dessous dénommés. Je gage que tous ensemble, ils vous donneront assez de nouveaux documents pour écrire encore un volume, vous comprenez que, moi seul, la mémoire peut me faire défaut.

Liénard (Jules), à Branscourt.

Gaillard, à Bourges.

Adin, à Reims.

Delacour, à Paris.

Gilquin, à Paris.

Renoir, à Issoudun.

J'espère que leur témoignage peut vous suffire quand je pourrais vous donner tous les hommes de la Légion, comme tant d'autres de notre armée française d'occupation à Rome (1).

(1) Je prends pour *témoin* encore l'église Saint-Louis des Français construite dans Rome tout exprès pour faire entendre la messe à cette pauvre armée d'occupation, qui n'avait pas mérité comme moi de voir glacer leur liberté dans le bénitier où il leur fallut mourir pour être enterrés dans cette église française édifiée sur la terre étrangère dans laquelle certaines mères de famille françaises peuvent aller sur ce funèbre dallage du portail jusqu'au chœur et d'un côté à l'autre chercher le

Analysez seulement ces deux mots franco-romains pour savoir ce que nous étions.

Je n'ai pas besoin de vous dire que nous étions appelés soldats du pape même dans nos plus grandes misères.

Comme prisonniers de guerre en 1870 et internés 30,000 ensemble au camp de Coblentz (Prusse), on pouvait suivre tous les jours le convoi de 40 camarades morts à la fleur de l'âge que l'on portait en terre dans une grande fosse commune ; en leur disant adieu, nous nous étions fait une religion de réciter cette mémorable prière concernant le deuil de la France.

Elle doit être récitée éternelle-

nom de leurs fils martyrs qui n'étaient pas comme moi volontaires, mais bien morts sur la terre étrangère pour le fanatisme d'un despote !

ment, afin de comprendre qu'il nous faut vivre uniquement pour notre pacifique liberté.

Notre despote Napoléon III, qui n'êtes pas aux cieux, mais en Prusse, ce qui est bien différent, que votre exécrable nom s'éteigne comme le règne de vos forfaits qui sont à jamais finis, que votre impérieuse volonté soit bannie sur la terre française pour l'économie et le repos de nos soldats. Mais avant que de partir, rendez-nous l'argent et le sang desquels vous avez abusé. Pardonnez-nous le 4 septembre, comme nous ne vous pardonnons pas votre règne, n'essayez plus de nous faire succomber sous le poids de ces fabuleux fonds secrets, mais délivrez-nous de votre lâche et indigne personne sans oublier toute la suite de vos partisans. AINSI SOIT-IL.

CATÉCHISME POUR MA FAMILLE

D. Qu'est-ce qu'un soldat du pape?
R. C'est un ignorant.
D. Qu'est-ce que le soldat d'un despote ?
R. C'est un condamné à mort.
D. Qu'est-ce qu'un chef de parti comme Garibaldi ?
R. C'est un sauveur du monde.
D. Qu'est-ce qu'un Bonaparte ?
R. C'est pire qu'un Néron.
D. Qu'est-ce qu'un pape?
R. C'est une grosse sangsue.
D. Qu'est-ce que la confession ?
R. C'est l'action de rompre le lien social.
D. Qu'est-ce que le travail?
R. C'est l'âme de la famille.

D. Qu'est-ce que c'est que l'âme de la famill:
R. C'est la nation.
D. Qu'est-ce que l'instruction?
R. C'est notre liberté.
D. Que fait notre liberté?
R. Elle fait l'union du peuple.
D. Que fait l'union du peuple?
R. Elle fait la force nationale.
D. Que fait la force nationale?
R. Elle fait l'équilibre des puissances civilisées.
D. Que faut-il faire pour obtenir tout cela?
R. Il faut s'instruire.
D. A quoi sert l'instruction?
R. A nous donner la paix.

Mes amis, avant de clore mon livre qui vous a été écrit affirmativement, les preuves en main, il est temps que je vous montre mon petit musée pontifical, sur lequel il vous suffit de donner un coup d'œil pour comprendre la sincérité de mon petit abrégé. Entre ce musée et mes archives franco-papales que je tiens à vous faire, se présente mon brevet d'indulgences plénières avec lequel je veux faire à outrance la concurrence à notre bon pasteur.

C'est pourquoi vous le voyez si méchant après moi.

Passons maintenant à l'examen de mes archives.

Il vous faut pour cela lire le plus attentivement possible sans oublier les cachets ni les signatures que je m'engage à vous montrer plutôt deux fois qu'une. Je commence par vous montrer mes titres les moins révoltants, par mon brevet de médaille commémorative, pareil à celui que vous pourrez voir chez tous mes compagnons d'armes de Mentana.

Si je ne vous en fait pas la lecture, c'est parce que j'ai besoin de votre plus grande attention pour bien commenter toutes les phrases de ce que vous allez lire ci-dessous, sur un éloge adressé à l'armée franco-papale pour la campagne 1867 contre les garibaldiens.

Vu que la lecture est analogue à celle de mon brevet de médaille, il vous suffit de bien lire à la fin de tant de flatteries la signature du cardinal *Paracciani Clarelli*, et dire comme moi qu'il vient par cette signature confirmer la vérité de mon ouvrage, par les raisons qu'il me donne en tout point, j'ai la prudence de ne pas faire de critique en gardant encore beaucoup de choses pour moi. Puisque nous sommes si près de mon congé qui sera pour nous le titre le plus convaincant, il nous faut bien l'étudier par cœur de manière à pouvoir résister avec le plus profond dédain, à la haine de tous les goupillons.

ÉLOGE

POUR PERPÉTUER DANS L'AVENIR LA MÉMOIRE DU FAIT ACCOMPLI

Les ennemis les plus acharnés du monde catholique ont osé s'attaquer au pouvoir temporel du Saint-Siége afin, si cela eût été possible, de le détruire entièrement; les provinces les plus florissantes nous ayant été enlevées, en laissant à peine quelques-unes à notre autorité civile, renfermées dans d'étroites frontières, et non sans difficultés financières. Des hommes perfides n'ont cessé dans ce but d'occuper le reste de nos Etats, et par ce motif, d'envahir notre ville bien-aimée, dans laquelle, par un ordre divin, fut établi le Saint-Siége apostolique, fondement de la religion souveraine de la foi, citadelle de la vérité. De là, des conspirations et des fraudes; de là, la force ouverte employée dernièrement, c'est-à-dire que tout à coup des *bandes* formées d'une plèbe infâme et prête à commettre tous les crimes, ont été envoyées dans nos provinces pour lever l'étendard de la révolte, et semèrent l'épouvante dans les villages, les villes fortes et les cités, afin de pouvoir, par leurs rapines et par des crimes sacriléges de toute nature, écarter nos populations de la fidélité et de la soumission envers nous et le Saint-Siége apostolique.

C'est alors que, dans un si grand bouleversement, se montra le glorieux dévouement de nos soldats, car à la suite de nos généreux officiers, sans se laisser effrayer par les difficultés des routes, sans céder, sans être brisés par les travaux de tous genres, ils s'élancèrent en avant avec enthousiasme pour arrêter l'impétuosité de nos ennemis, et le combat engagé avec eux se livrant sur plusieurs points avec animation, ils luttèrent si vaillamment qu'ils culbutèrent et dispersèrent ces hordes effrénées, et rendirent le repos et la sécurité aux habitants des villes fortes et aux citoyens.

Puis encore nos soldats ne faillirent pas à leur devoir lorsque cette tourbe armée vint s'attaquer aux murailles de notre ville, pour en tenter l'envahissement, afin de concerter avec les dignes associés de leurs crimes, qui avaient pénétré au dedans et préparés de nouveaux instruments de ruine. Le signal de la conjuration était donné, pouvait être assouvi dans des incendies, dans le pillage des maisons, la destruction des temples et le sang des citoyens. La fureur qu'ils avaient commise, en effet, leurs embûches étaient découvertes, nos soldats prévinrent la perte des conjurés, qui, en partie combattus et châtiés, en partie prisonniers, sauvèrent d'une ruine imminente ce siége de la religion, cette demeure des beaux-arts, mais une nouvelle occasion de montrer sa bravoure était offerte à notre milice : de toute part rassemblée dans la Sabine, province avoisinante, une troupe d'hommes armés avait occupé Aritano, et là alors qu'elle commettait nombre d'actes indignes, et que, dévorée par une brûlante cupidité, elle méditait une nouvelle attaque contre notre ville, les nôtres et les troupes *auxiliaires* des *Français* furent envoyés contre l'ennemi pour le repousser dans une bataille commencée à *Mentana* ; ils montrèrent en combattant tant de courage, d'ardeur et de fermeté qu'ils anéantirent et écrasèrent cette multitude, bien qu'elle fût supérieure en nombre, et qu'avec beaucoup de blessés, de tués, un certain nombre faits prisonniers, le reste mis en fuite avec un général (Garibaldi) des plus audacieux, ils remportèrent en un mot une victoire décisive, nos troupes victorieuses rentrées dans la ville furent reçues en triomphe. La cité, par de nombreuses acclamations, et des applaudissements frénétiques, témoigne en allant à leur rencontre son admiration pour le fait accompli. Mais pour que le souvenir de cette victoire remportée avec l'aide de la Divinité et célébrée par les louanges, puisse se transmettre à tous les âges, nous avons institué un insigne d'argent en forme de croix octogone aux extrémités de laquelle nous voulons qu'il soit écrit :

PIE. P. P. IX, AN 1867.

Puis, sur la surface ronde existant au milieu et représentant les insignes pontificaux soit mise cette inscription :

A LA FIDÉLITÉ ET A LA VALEUR

au revers de la médaille représentant une petite croix, cette autre inscription :

DE LA NOUS VIENT LA VICTOIRE

En conséquence, nous accordons à tous et à chacun des soldats de notre armée présents à cette victoire de porter cette marque de distinction en argent, du côté gauche de la poitrine, suspendue par un ruban de soie ayant trois raies bleues alternées de mêmes raies blanches, et pour plus grande récompense de leurs efforts, nous leur accordons qu'une année du temps fixé pour le versement des sommes formant la *jubilation* (la retraite) leur soit diminuée et autres avantages prescrits par notre organisation militaire. Outre cela, nous donnons cette décoration à porter également au côté gauche de la poitrine, à tous et à chacun des soldats de *l'Armée française* qui ont à Mentana combattu avec nos troupes (1) les bandes en-

(1) Chers lecteurs, vous avez dû remarquer que j'ai écrit mon ouvrage avec beaucoup de respect pour votre clairvoyante instruction, quand je vous donne assez de documents pour écrire des volumes et que je ne fais qu'une brochure, je reconnais mes raisons quand je vous engage à lire beaucoup de livres pour bien comprendre mon petit abrégé.

nemies ; enfin pour que les hommes éminemment braves qui, pour protéger le droit et arracher notre ville à la fureur des impies, ont dévoué leur sang et leur vie, reçoivent de nous un solennel éloge de leur courage, et des éloges mérités : par les présentes lettres, décidons et dé-

Je désire pour vous des livres contenant des preuves aussi convainquantes que les miennes. Je pense qu'il vous est suffisant d'avoir sous les yeux les paroles textuelles d'un cardinal du Saint-Siége, qui dit : bandes, plèbe infâme et prête à commettre tous les crimes, incendies, pillages des maisons. N'oubliez pas que, s'il a l'occasion de dire tant d'indignités aux gens qu'ils l'ont attaqué, c'est parce qu'ils étaient fatigués de répondre au mot de soumission que vous avez dû lire attentivement. Vous comprenez combien ma colère déborde quand je regarde sur mon dictionnaire la signification de ces mots sortis de la bouche d'un disciple de celui qui est mort sur la croix pour avoir prêché la liberté, et que lui, ce disciple du généreux Jésus, vient nous faire un pareil éloge pour avoir fait couler le sang des hommes qui combattaient pour le même motif que le Christ. Je dis en brisant son éloge et son fanatique bénitier qu'il nous faut laisser marier les curés pour leur donner les occupations et les soins de la famille. Par elle, ils comprendront la sensibilité paternelle et la cruauté de faire couler le sang des innocents.

clarons qu'ils ont bien mérité de nous, du Saint-Siége apostolique et de la religion catholique. Rien au-dessus de cet éloge, ne peut être considéré comme plus honorable, plus glorieux et plus illustre pour l'immortalité du nom.

Donné à Rome près Saint-Pierre sous le sceau du pêcheur, le 14 décembre de l'année 1867.

22 de notre pontificat,

Notre cardinal,

Signé : PARACCIANI CLARELLI.

Vous ayant donné la lecture de cet éloge signé par un cardinal sortant de son sacerdoce pour venir flatter des soldats en leur décernant les titres d'honneur et de fidélité au nom du Saint-Siége, je viens vous demander s'il est le disciple de Jésus-Christ qui a dit : Tu ne tueras pas ?

Mais, comme je ne dois prendre le discours de personne, je vous engage fortement de chercher dans la *Bibliothèque nationale*, à 25 centimes, le volume des *Paroles d'un croyant*, par Lamennais, qui nous donne l'intéressante étymologie des deux mots flatteurs du cardinal Clarelli :

HONNEUR ET FIDÉLITÉ

vous devez trouver cela dans mon volume recommandé, chapitre XXXV, p. 107.

PRÉFACE DE MON CONGÉ

Pour vous donner la preuve que rien n'est plus pernicieux que l'eau bénite dans laquelle trempe l'épée d'un empereur, avant que de prendre congé de vous, je viens vous offrir l'examen le plus sérieux du mien, que j'ai reçu en quittant Rome.

En tête vous verrez, à la première ligne écrite en italien : SERVICE MILITAIRE DU SAINT-SIÉGE, et à la troisième ligne : FEUILLE DE CONGÉ DE WILMET PIERRE, SERGENT.

Pour plus d'exactitude, je vous engage à bien approcher (1) cette feuille de congé du soldat du pape de la première à la dernière ligne de mes états de service, autant *pontificaux* que *français*.

En lisant bien ce petit carré d'écriture juste au milieu de la feuille,

(1) Pour ne pas dire marier, car si mon service militaire eût été un mariage avec tant d'injustice, j'aurais eu gain de cause devant les tribunaux pour mon divorce que j'aurais demandé aussitôt après avoir visité la ville de Rome.

vous verrez que l'empereur m'a débauché de mon devoir le plus sacré en me faisant quitter mon noble drapeau français pour m'enrôler sous la bannière pontificale et me rappeler en France le 16 septembre 1869 pour me rendre à mon régiment respectif jusqu'au jour où il fut obligé de réaliser son marché en livrant son armée et son épée; il dut lui en coûter, par bonheur pour nous, son titre d'empereur.

Pensez donc, chers lecteurs, quelle cruauté quand tout cela est approuvé par la signature du cardinal, ministre de la guerre du pape (*approvato il ministro delle armi*), ainsi que d'autres qui cadrent parfaitement dans le tripotage avec celles de nos officiers appartenant comme moi à notre brave armée française, commandée par Napoléon III pour servir tantôt la messe au Vatican et tantôt les intérêts des nations étrangères. Mon perpétuel congé franco-papal (1) devait vous dire que je sais lire et écrire.

Vu qu'il reste sous silence, c'est qu'il n'est pas d'accord avec moi, qui viens tant vous engager à vous instruire, et qu'il prétend dire encore longtemps, je règne par l'ignorance.

Mais pour ne pas toujours causer

(1) Oui, je dis perpétuel, car j'espère vous le voir encadrer comme j'ai fait du mien, et avec lequel j'ai déjà fait tant de républicains. Remarquez bien que les divisions de parti nous viennent très souvent de l'ignorance d'une partie du peuple ne comprenant bien que les choses imprimées, comme un enfant qui déchire le chef-d'œuvre de peinture qui serait vénéré par tout homme éclairé. C'est pourquoi je voudrais voir dans tous les ménages le tableau de mon congé qui serait d'un grand prix pour l'éducation républicaine sur la jeune imagination des enfants. Arrivés conscrits républicains, ils chanteront à bas tous les tyrans et vive la liberté.

comme Son Eminence le cardinal Clarelli, d'accord en tous points avec moi qui vous dis que le pape Pie IX et Napoléon III ont tout confondu leurs politiques comme leurs armées, sans aucun respect pour personne de la part de l'empereur. C'est pourquoi vous m'entendez vous dire qu'il faut laisser rouiller le pied de la statue de saint Pierre en bronze au Vatican et ne pas plus servir un goupillon qu'un despote, toujours trop cléricalisés pour distinguer le canon à mitraille du canon de l'Eglise qu'ils donnaient à l'armée pour défendre nos foyers.

FIN

TABLE

—

Paris. — Typographie N. Blanpain, 7, rue Jeanne.

SERIE ———

Nº D'ORDINE : 425.

Nº DI MATRICOLA NEL CORPO, 430.

SERVIZIO MILITARE DELLA SANTA SEDE

(1) Légion Romaine — Piazza di Rome

(1) Indicare il corpo.
(2) Cognome, nomi e grado del congedato.
(3) Indicare se aumogliato la data e luego del matrimonio, il nome, l'etat e la patria della moglie e dei figli.

Cartella di Congedo di (2) WILMET (Pierre), Sergent de 1re classe

Noi sottoscritti membri del consiglio d'amministrazione del LÉGION ROMAINE(1) *certifichiamo che col giorno* seize septembre mil huit cent soixante-neuf, *il Militare soprannominato è stato congedato in seguito di* LIBÉRATION *e gli rilasciamo il presente documento per valergli come di ragione.*

Connotati del Congedato	Stato Civile	Dettaglio del Servizio, Campagne, Ferite, Decorazioni, etc.	Somme pagate per saldo definitivo di Conto massa e qualsiavsi altro
Statura {metri un / millimetri 640} *Capelli* et *Ciglia* châtains *Occhi* châtains *Fronte* couvert *Naso* mince *Bocca* moyenne *Mento* rond *Viso* ovale *Colore* *Segni apparenti :* Deux signes au menton	*Figlio (di)* naturel *(e) di* Marie-Nicole Wilmet, *Nato a* Bazancourt, *di* 6 janvier 1843. *Provincia di* la Marne *Governo di* France *Battezzato nella Parrocchia di* (3) N'a pas contracté de mariage au Corps	Incorporé au 5e régiment de ligne à compter du 24 août 1864, comme appelé inscrit sous le nº 242 de la liste du contingent du département de la Marne (classe 1863). — Arrivé au corps le 24 août 1864. — Caporal le 12 avril 1865. Incorporé à la Légion romaine à compter du 25 mai 1866, comme fusilier venant du 5e régiment de ligne, suivant Décision Ministérielle du 21 dudit. Arrivé au corps le 25 mai 1866. — Fusilier. — Caporal le 11 août 1866. — Sergent de 2e classe le 26 février 1867. — Sergent de 1re classe le 1er octobre 1868. — Libérable le 31 décembre 1870. Campagne 1867. Etats pontificaux. A reçu la médaille commémorative. — Congédié par anticipation pour passer dans la réserve de l'Armée française le 16 septembre 1869. Décision ministérielle en date du 3 mai 1869. *Condotta* BONNE	*Lire* *Centesimi* *Firma del Congedato* *Certificato dal Comandante la compagnia* *Assegno di giubilazione o soldo di ritiro annuo*

Fatto a Rome, li 16 septembre 1869.

Il Tesoriere	*L'Uffiziale d'Abbigliamento*	*Il Major*	*Il Capne ffon de Chef de bataillon*	*Le Capitaine*	*Il Colonel Presidente*
C. PALHUI.	A. FLOQUET.	SEGARD.	De MAUDUIT.	De VAZEILLE.	D'ARGY.

Visto e registrato al Numº 328. A Rome, li 16 septembre 1869.

Il Sotto Intendente Militare,
R. VIVIANI.

Approvato
P. Il Ministro delle Armi
A. NAUESIN.

Paris. — Typographie N. Blanpain, 7, rue Jeanne.

www.ingramcontent.com/pod-product-compliance
Ingram Content Group UK Ltd.
Pitfield, Milton Keynes, MK11 3LW, UK
UKHW012027240726
13965UKWH00002B/614

9 782013 493864